世界名人非常之路

# 哥白尼

## 从神医到天文学的奠基人

余海文◎编著

中国社会出版社

国家一级出版社·全国百佳图书出版单位

# 写在前面的话

　　童年时代的夏夜，我和小伙伴们时常躺在家乡的草坪上，仰望着美丽的星空，偶尔还能看见流星划过，那时的欢呼与过后的惊诧至今仍历历在目。冬天的早晨，我们则常常流连于冰雪覆盖的小路，经常因堆雪人和打屋檐的冰凌锥而忘记了上学。当然，春天和秋天对于孩子们来说，更是大自然赐予最慷慨、最丰厚的时候。无论是春花的烂漫还是秋果的诱人，至今都是我心中最温暖的回忆。

　　随着年岁的增长，许许多多扑朔迷离的自然现象，构成了一个又一个神秘莫测的奥秘。自然界的事物不再只是心头美丽的驻足，而是慢慢地变成了诸多诱使我去探索的动力。幸好，学校的数、理、化、生物等课程给了我一些答案。但是，课本的知识毕竟十分有限，而阅读课外书籍给了我巨大的帮助。

　　在成长过程中，随着知识的增加，我的好奇心也越来越强，迫切地想要了解那些发明创造的过程和那些奇思妙想的主人。是谁捡到了那只证明了万有引力的苹果？是谁让漆黑的夜晚亮如白昼？是谁开启了工业时代的大门？又是谁让人类迎来了飞天的奇迹？是他们，站在科技前沿的科学家们，带着诸多疑问，不断地对我们生存的空间进行研究，渴求破译这充满超自然现象的世界。是他们一步步带领着我们进入科技时代。

　　茫茫宇宙中是否还存在其他智慧生物？如何科学地解释人体与自然的离奇现象？他们用不断探索的精神引领我们认知世界，辨别真伪。我们为他们的创造精神而感动，为他们的科研成果而骄傲，更为他们对人类的贡献表示由衷的感谢！

# 写在前面的话

被逼"退学"的发明大王爱迪生，中国现代数学之父华罗庚，带给人类动力的发明家瓦特，太空探索的先驱者布劳恩，实验科学研究的先驱伽利略，为人类插上翅膀的莱特兄弟，放射性元素之母居里夫人……我们将这些科学家的故事汇集起来，编撰成册，希望能让读者朋友们全面了解他们的一生和那些与他们无法分离的伟大事迹，使大家从中有所收获。

就让我们一同走近这些科学家，了解他们发明创造背后的故事，让他们的成长历程启示我们；让他们的挫折坎坷激励我们；让他们的灵感火花指引我们，让我们站在巨人的肩膀上，走向更高的目标，实现更伟大的理想！

"世界名人非常之路"大型系列丛书之"科学家成长之路"篇，就是这样一套专门拓展中学生科学视野，提高科学素养的图书。让我们沉醉于神奇、瑰丽的大千世界之中，感受科技的强大，伟人的魅力，从而启迪智慧，丰富想象，激发创造，培养青少年热爱科学、献身科学的决心，以及热爱人类、保护环境的爱心。

丛书紧密结合当前中学教材中涉及的历史名人，以及物理、化学、生物、地理、天文、材料、医学、能源、环境、航空航天等多方面的科学知识。在这里，科学家的成功不再神秘，愿科学家的成长之路能够成为你开启成功之门的金钥匙。

年轻的朋友们，让知识为你们的梦想插上科学的翅膀吧！

# 哥白尼

## 人物简介

### ❧ 生卒与经历 ❧

尼古拉·哥白尼（Mikolaj Kopernik，1473～1543），波兰天文学家，第一个提出日心说。他所著的《天体运行论》，是现代天文学的起步点。

哥白尼于 1473 年 2 月 19 日出生于波兰西部托伦城圣阿娜港。他的父亲是富商，曾任过市政官吏。

哥白尼 10 岁时，父亲去世，由舅父路加斯·瓦兹罗德抚养。瓦兹罗德博学多才，思想开放，提倡研究实际，这对少年时期的哥白尼有很深刻的影响。

18 岁时，哥白尼到波兰首都克拉科夫的雅盖隆大学学习。

23 岁时，哥白尼到欧洲文艺复兴的中心意大利求学。

1501 年，哥白尼到帕多瓦大学，后又到费拉拉大学学习。在此期间他曾访问过达·芬奇。1506 年回到波兰后，他在其舅父身边当医生。

1512 年，哥白尼在舅父去世后，开始到波罗的海之滨的弗洛恩堡大教堂任神甫，此后的 30 余年他一直在教会任职。在这一期间，他完成了著名著作《天体运行论》。

1506 年至 1512 年，哥白尼完成了日心说观点的简要《浅说》。

1530 年，哥白尼发表了论文摘要，曾受到教皇克力门七世的赞许。《天体运行论》初稿曾于 1512 年至 1516 年、1525 年和 1540 年作了 3 次重大修改。

1543 年 5 月 24 日，《天体运行论》终于出版。同一天，哥白尼逝世，享年 70 岁。

## 成就与贡献

哥白尼一生最伟大的成就是创立了"日心说"。他所著《天体运行论》以科学的观点否定了在西方统治了一千多年的地心说。

这是天文学史上一次伟大的革命，引起了人类宇宙观的重大革新，沉重地打击了封建神权统治。这一学说提出后，自然科学便开始从神学中解放出来，走上了大踏步发展的征程。

《天体运行论》的发表具有划时代的伟大意义。这本巨著的完成，花费了哥白尼一生的心血。

哥白尼还是著名的医生、机械师，在数学、地理学、文学、绘画方面也是第一流的学者。另外，他对经济学也颇有研究。

## 地位与影响

哥白尼的"日心说"沉重地打击了教会的宇宙观，这是唯物主义对唯心主义斗争的伟大胜利。它使天文学从宗教神学的束缚下解放出来，自然科学从此获得了新生，这在近代科学的发展上具有划时代的意义。

哥白尼是欧洲文艺复兴时期的一位巨人。他用毕生的精力去研究天文学，为后世留下了宝贵的遗产。

哥白尼的书对伽利略和开普勒的工作是一个不可缺少的序幕。他俩又成了牛顿的主要前辈，他们二人的发现才使牛顿有能力确定运动定律和万有引力定律。

恩格斯在《自然辩证法》中对哥白尼的《天体运行论》给予了高度的评价："自然科学借以宣布其独立并且好像是重演路德焚烧教谕的革命行动，便是哥白尼那本不朽著作的出版。他用这本自然科学方面的书来向教会权威挑战，从此自然科学便开始从神学中解放出来。"

# 目录

哥 白 尼

# 哥 白 尼

目 录

# 自信少年

青春应该是一头机智的狮，一团智慧的火！机智的狮，为理性的美而吼；智慧的火，为理想的美而燃。

——哥白尼

# 留心观察的孩子

1473 年 2 月 19 日，在波兰托伦城圣安娜街三层小楼上，一个小男孩呱呱坠地了。他响亮的啼哭声透过窗户，仿佛是在向这个世界宣告他的诞生。他就是尼古拉·哥白尼。

波兰王国形成于 10 世纪末。12 世纪中叶，全国分裂为几个公国，波兰进入封建割据时期。一直到 14 世纪初期，波兰才重新统一。

1385 年，为抵抗十字骑士团的侵略，波兰王国和立陶宛大公国实行了王朝联合，立陶宛大公瓦迪斯瓦夫二世·亚盖洛为波兰国王。

波兰从此成为中欧一个强盛的国家，它的疆界广袤，北至都维纳河，东边到第聂伯河地区。由此，波兰迎来了它的黄金时代。

在华沙市西北 213 公里的地方，有一座美丽的城市，叫作托伦，这就是伟大的天文学家尼古拉·哥白尼的故乡。

哥白尼出生之前，托伦市曾长期处于十字骑士团的统治下。后来，托伦人不堪忍受压迫，同其他城市的居民一道掀起了反抗骑士团的斗争。

这场反抗压迫的正义战争一打就是 13 年之久，直至 1466 年，战争以《托伦和约》的签订而宣告结束。

战争结束时，格但斯克沿海地区回到了波兰怀抱，同时也使瓦尔米亚并入了波兰版图。

鉴于托伦人民作出的贡献和托伦所处的经济地位，几代波兰国王先后授予托伦一些特殊权利。

托伦不仅同国内各大城市，如克拉科夫、弗罗茨瓦夫和格但斯克等保持着密切的经济关系，而且同几乎遍布整个欧洲的许多外国城市

保持着频繁的贸易往来。

当哥白尼出生的时候，《托伦和约》的签订已经过去了 7 年之久，战争的硝烟早已经在这座城市的上空散去。

这个刚刚降生的孩子幸福地生活在一个相对安定和繁荣的年代。

"啊！尼古拉，恭喜你！是个儿子，眉清目秀的，将来一定是个伟人呢！"接生婆笑眯眯地向站在门外的父亲喊着。

尼古拉闻言，一个箭步冲进门来，匆匆地将接生费塞到接生婆手里，便大步流星地走到床前，为疲惫不堪的妻子擦去额头的汗水，深情地吻了吻她："亲爱的，你受苦了！"

"快来看看儿子吧！他多像你呀，长圆的脸盘，头上有一层密茸茸的鬈发。"

高尚的母爱，使这位母亲忘却了自身的苦痛，她充满爱意地抚摸着儿子白嫩的小手，心头充满幸福。

"给儿子起个名字吧！"

尼古拉兴奋而又自豪地琢磨起来。

"叫什么名字好？我看就叫尼古拉吧！叫起来好听，听起来响亮。"

父母给这个小男孩取名叫尼古拉·哥白尼。尼古拉是他父亲的名字，当时欧洲盛行父子同名。

关于哥白尼这个姓氏的来历众说纷纭。

有人说哥白尼是西里西亚尼斯河畔地区的一个小村庄的名字，那里有丰富的铜矿，吸引了成千上万的淘金者，因此这个小村庄逐渐变成了一个热闹的小镇。哥白尼的祖先就生活在这片土地上。

14 世纪的欧洲，人们习惯把居住地的地名当作自己的姓氏，哥白尼家族的姓氏很可能也是这样来的。

也有人依据中世纪有关西里西亚的文献记载推断说，它同与它读音相似的另一种姓氏有关。

因为战争的胜利，波兰的手工业兴盛起来，商业活动十分活跃。哥白尼的祖先原本在西里西亚地区的哥白尼村世代务农，后来弃农经商，迁到了当时波兰的首都克拉科夫市。

哥白尼家族的成功源自于哥白尼的祖父，他从一个外出经商的农民变成了一个富有的商贾。哥白尼在克拉科夫大学读书时同爷爷有过很多接触。

哥白尼的父亲尼古拉，于1458年来到托伦市，开始发展自己的事业，并且获得了巨大的成功。

尼古拉与一个名叫巴尔瓦拉的女孩结了婚，她是托伦城富商瓦兹罗德的女儿，她的祖父当选过托伦城的市长。他们婚后生了两个女儿、两个儿子。

哥白尼出生的时候，他那个年富力强的父亲，不仅在商业上获得了巨大的成功，而且十分热心社会活动，积极参加托伦市的政治活动和社会管理。

这样，哥白尼的家庭，不但在经济上富有，而且在政治上也有地位，哥白尼出生在幸福欢乐、无忧无虑的环境中。

哥白尼的父亲为了做生意，曾到过世界的许多地方，因此见识很广，而且他又喜欢自然科学，在当时可以称得上是一个有新思想的人。

尼古拉总是不厌其烦地解答孩子们提出的问题，还给他们讲述各地见闻，托伦城圣安娜街的这幢小楼房里总是充满着求知的气氛。

童年的哥白尼，随

父母生活在圣安娜街的这座房子里。1849年，这座房子被一位商人买下，房子的门面被改建。

因为这座房子离维斯瓦河的码头很近，从自家窗口便能看到维斯瓦河里来往如梭的商船，听见走南闯北的各种号子。

幼小的哥白尼，从自家的窗户往下眺望，能看见满载着粮食、蜂蜜、柏油、石蜡、铜和裘皮的大船，驶向格但斯克海港。有的从格但斯克返回，装载的多是鲱鱼、海盐、衣料，甚至也有来自阿拉伯国家的货物。

在这繁忙的河道里还时常有放木工人流放木排。

当时，船都是用木头做的，每条船上都有大大的船帆，船帆的形状各种各样，大小不一。

在千帆过往的河流中，这些不同样式的船帆就成了一种美妙的风景。

童年的哥白尼，喜欢静静地观察外界发生的一切。这种无声的静静观察，为他日后有目的的天文观察培养了兴趣。

# 求知欲旺盛的少年

哥白尼3岁的时候经受了人生的第一场悲剧，他家养的那只叫玛丽的小狗突然病了，而且病得非常厉害。

一开始它还耷拉着耳朵，没精打采地在房间里走几步，很快便躺下不动了，吃力地喘着气，浑身颤抖着，显出一副很难受的样子。

幼小的哥白尼蹲在它的旁边，注视着它的一举一动，多盼望它能好起来，像以前那样欢蹦乱跳啊！

哥白尼眼睁睁地看着玛丽的生命一点一点地逝去，最后它终于完全不动了。

父亲抱起哥白尼，一边安慰他，一边把玛丽生病的原因告诉了他。原来是一种眼睛看不见的小东西钻到了玛丽的身体里，是它们害死了玛丽。

"它们坏，我要打死它们。"哥白尼稚声稚气地说。

父亲告诉哥白尼，这些小东西不全都是坏的。其中，有一种可以帮助人，我们吃的葡萄酒、面包都是靠它们的帮助做成的，还有一种就很可恶了，它们不但会钻到狗的身体里，也会钻到人的身体里，使人生病、死掉。

哥白尼睁着好奇的眼睛看着父亲，父亲的话犹如春雨，催生了他心中那求知的种子。

哥白尼的童年，正是父亲最为忙碌的时候。那个时候，不管是生意上还是政治上，他都处于鼎盛时期。

繁忙的生意意味着财富的增加，民众的信任意味着他可能当选为市长；这些都是尼古拉所追求的。他同时忙于经商和从政，也就意味

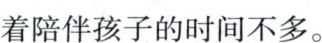
着陪伴孩子的时间不多。

哥白尼的父母虽然没有更多时间陪伴孩子，但是他们对于孩子的教育却十分重视。当孩子们学会说话时，母亲就有目的地教他们拉丁语、意大利语等。

哥白尼的母亲跟世界上许多母亲一样，很会讲故事。在哥白尼的童年时代，她是哥白尼的另一位启蒙老师。

哥白尼的母亲是一位严格的母亲，她最不能容忍的就是不思进取和半途而废。她常常鼓励她的孩子们"要有点志气"，"攀得越高看得越远"。这是母亲最喜欢的格言之一。

在哥白尼还是个穿短裤的小男孩时，母亲就总是天不亮就把哥白尼叫醒，以便尽早开始一天的学习。

母亲的精力是有限的。在哥白尼5岁的时候，为了使孩子们受到最好的教育，父亲为孩子们请来了当地最优秀的家庭教师，由家庭教师开始向孩子们传授文化知识。

哥白尼就在家庭教师的引导下，开启了对知识的热爱和对真理追求的心灵之门。

哥白尼很好问，凡事都要自己思考一遍才会相信。对于老师给出的答案，他并非都表示同意，而大多数情况下，他都会紧紧地盯着老师追问："为什么是这样？""你怎么知道一定就是这样的？"

尽管这位家庭教师的知识很丰富，但是也禁不起哥白尼这样打破砂锅问到底的追问，很多时候都是尴尬地被哥白尼的问题难倒。

不过，这位家庭教师的性格非常温和，每当他回答不出来的时候，他就会轻轻抚摸着哥白尼的头发，说道："孩子，知识是无穷的，这个世界上有太多奥秘等着我们去探索，老师也不一定都知道。你想要的答案，只有等你长大以后自己去追寻和探索。"

哥白尼长大了，到了他七八岁的时候，他变得十分好动，再也不满足于整天待在家里了。他常常溜出家去，到河滨上玩耍，在那里，有很多的水手朋友，可以听詹姆斯老爷爷讲很多好玩的故事。

一天，哥白尼在家庭教师上完课后，就悄悄地跑到河滨去找满脸络腮胡子的老水手詹姆斯爷爷玩耍。

詹姆斯是个老水手，年轻的时候走南闯北，见多识广，知道很多有意思的事情。哥白尼很喜欢听詹姆斯爷爷讲故事。

詹姆斯常年生活在船上，没有亲人，十分孤独，所以，他一看到这个有一头金黄头发、棕色眼睛的哥白尼时，眼里就放射出光彩，感到了生活的乐趣。

詹姆斯一把抱起这个讨人喜欢的孩子，扛在肩上，哈哈大笑道："怎么来迟了，哥白尼，还像猫似的藏在啤酒桶后。哈哈，看我怎么吃掉你！"

詹姆斯用又黑又硬带着海腥味儿的胡须扎得哥白尼的脸颊又痛又痒。他不住声地咯咯地笑着，挣扎着从老水手文着蓝花的臂膀上出溜了下来。

"爷爷，船在茫茫的大海上为什么不会迷路？"

"在海上，太阳从什么地方升起来？"

"飞鱼为什么会飞？"

"船开到天边会不会掉下去？"

有些问题詹姆斯解答了，有些问题他也闹不清，只好挠头苦笑，摊开两手，连连摇头说："哥白尼，这个我也不知道。我说孩子，你小脑瓜里怎么这么多问题呢，把爷爷都绕晕了。"

"爷爷，能不能带我到船上去看看？"

哥白尼天真好问，对于一切都感到很神奇。他虽然常常来河滨玩耍，也看过很多的大船，但是还没有真正到船上玩过呢。

因此，对于这种能浮在水面上的大船，哥白尼感到十分的好奇。

"行，走吧！"

热心的詹姆斯爷爷禁不住哥白尼恳求的目光，爽快地带他走上舷

梯，来到轮船上参观。

"这是舵，那是罗盘，那是计程器……"詹姆斯一边抱着哥白尼，一边给他解说。

转悠完，哥白尼懂得了"船在大海上是靠罗盘和星辰来辨认航向"的道理。

哥白尼喜欢蓝色，喜欢大海，喜欢天空。因为蓝色给人以启迪，给人以联想，就像是一个猜不透的谜。

有一次，从詹姆斯爷爷那里，哥白尼看到了一件神奇的东西。那是一个小圆盘，圆盘的玻璃盖下有一根针，还会动。听詹姆斯爷爷说，这个小圆盘叫方位仪，它能给船带路指方向呢！

回家后，哥白尼意外地在自己家里也找到了一个类似的东西，他惊喜地把圆盘拿在手上，爱不释手地玩起来。

很快他就发现，不管你怎么转动圆盘，那里面的指针总是指着同一个方向。

为了弄清其中的奥妙，哥白尼找来了工具，拆开了这个圆盘，把指针拿了出来。可是这只不过是个涂了颜色的小铁片儿，并没有什么独特的地方。

这次，哥白尼的好奇心给他带来了母亲的责骂。但是他还是从父亲那里知道了那个东西原来叫指南针，是东方的中国人发明的。

为了说明指南针的原理，父亲把哥白尼带到院子里，让他玩陀螺。

陀螺跟指南针有什么关系？

哥白尼的眼中充满了困惑。父亲指着转动着的陀螺对哥白尼说："旋转着的陀螺有一个特性，它总是使它的转轴指向一个不变的方向，这叫陀螺的定向性，指南针就是根据这个原理制成的。"

# 随父母度假旅游

繁忙的父母没有忘记与孩子们共享天伦之乐，每年生意的淡季，父母总要抽空带孩子们外出旅游或者度假。

哥白尼一家十分富有，他们在维斯瓦河的风景地带有一栋别墅，在老家还保留着原来的房屋。每年的夏天，父亲都会带着孩子们去自己的别墅消夏。

在这里，父亲总会邀请很多的文化名人，与他们一起探讨政治、文化、经济、科学和艺术方面的问题。他们的讨论往往都是自由和随意的，没有固定的主题，也没有严格的思想限定。

这里的每次聚会，都是由一个人提出一个主题，大家就围绕着这个主题各抒己见。这里是学者的聚会，没有政治目的，也没有宗教约束，更没有政治棍棒。所以，参加聚会的人也都非常愉快。

童年的哥白尼当然不可能听得懂大人们所说的一切，但是对于这种轻松愉快的文化气氛，他却是深深地感受到了，也使他对于科学和文化充满了向往。

暑期来临了，全家人都沉浸在即将去消夏的兴奋状态中。

"爸爸！我们今年还是去大别墅吗？"哥白尼的眼睛一眨一眨的，对于夏天，他总是很期待。

父亲摸摸哥白尼的额头，说道："不！今年我带你们回老家，你的哥哥姐姐们都到过老家，你想不想去看看老家呢？"

"哇！爸爸！老家有漂亮的大房子吗？有好玩的东西吗？"哥白尼睁大了自己好奇的眼睛，缠着父亲问。

"那当然了，老家还有葡萄呢！"

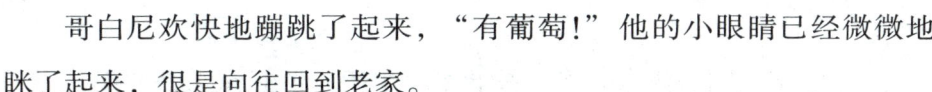

哥白尼欢快地蹦跳了起来，"有葡萄！"他的小眼睛已经微微地眯了起来，很是向往回到老家。

老家的小村有个葡萄园，葡藤蔓蔓，一串串的葡萄像玛瑙、似珠宝，引人注目，令孩子们垂涎。

在父亲的带领下，一家人乘着马车向葡萄园奔来。一进入村庄，映入眼帘的就是绿地、白羊、葡藤缠绕、瓜果飘香的田园风光。

葡萄园中，长满了大串大串的绿色、玫瑰色的葡萄，飘散着带着淡淡甜味的幽香。每到傍晚，父亲就与孩子们一起在葡萄架下一边吃葡萄，一边讲故事。

在这令人陶醉的环境里，父亲给孩子们说的不是他成功发家致富的故事，而是十字骑士团欺压沿海地区和波兰人民反抗压迫所进行的战争的故事。

哥白尼最喜欢听的就是外公奋勇杀敌的故事，每次听父亲讲的时候他都心驰神往。

在晚霞的辉映下，父亲带着四个孩子在维斯瓦河边散步。那点点的鱼帆、清新的空气、闪光的河水，以及庄稼地里的农民，都让他们感到一种新奇。

兄弟姐妹几人东瞧瞧，西逛逛，玩累了，就在河边的柳树下歇息。

"爸爸！十字骑士团为什么要侵犯我们呢？"

几个孩子小鸟依人般围在父亲的身旁，缠着父亲讲故事。

父亲听了孩子们的问话，不禁长叹了一声，静心听了听远处的蜂鸣、蛙叫和羊群的"咩咩"

声说了起来。

"十字骑士团是德意志天主教的军事组织。他们原来是僧侣，因要把伊斯兰教驱逐出耶路撒冷而组成了东征巴勒斯坦的十字军。他们占领了波兰，并建筑了一座防御堡垒，逐渐演变成今天的托伦城。十字骑士团欺压沿海的人民，我们自然要和他们斗争。"

"那我们的外公，也和十字骑士团打过仗吗？"

靠在父亲身后的哥白尼，一脸好奇地问。

"是的。你们的外公曾任托伦市议员，后任市议长，他是一位德高望重的老人。他坚决反对十字骑士团，参与筹备了反对十字骑士团起义。这次起义拉开了 13 年战争的序幕。你们外公在马尔堡和瓦辛亲自参加了战斗，还在战斗中负了伤。为了支援战争，他把自己的财富全部借给托伦城使用。"

父亲有时候也会带孩子们去东欧一些国家旅游，和孩子们一起领略风景胜地、文化名城的风光。有时候也会去海边度假，让孩子们看看大海的广阔。

随父母度假和旅游，给哥白尼带来了许多书本中学习不到的知识。耳濡目染中，父亲的气度和风采，世界的美好与复杂，知识的丰富与多样，等等，都给哥白尼留下了深刻的印象。

# 接受早期教育

时间过得很快，一眨眼，哥白尼就7岁了，他到了需要接受全面教育的时候了。

哥白尼生活的时代，波兰和当时欧洲的大多数国家一样，都在经历两个时代的更替。资本主义因素逐步在封建社会内部萌芽和发展。文艺复兴、远洋航运和宗教改革，深深地影响着整个欧洲。

神职人员已经失去了对知识的垄断权。在这方面，国王的功劳最大。这位本身似乎是文盲的国王陛下对于科学不是一般的推崇，是他创建了最早的大学之一。

对学习知识最感兴趣的自然是市民阶层。贵族在这一时期也抛弃了所谓知识会削弱战斗力的偏见，以丝毫不亚于对弓箭的兴趣同笔墨打起交道来。

于是，从国王到平民，都很重视教育，波兰的学校像雨后春笋一般，快速地在波兰这块肥沃的土地上成长起来。根据记载，当时的波兰王国，大约每千人就拥有一所世俗学校或者教会学校。

托伦城自然也不例外。早在哥白尼出生以前，托伦小学就有一些教师对天文学很感兴趣，热心的教师把当时一些天文学的著作带到了托伦这座城市。

幸运的是，哥白尼的邻居康拉德·格塞伦就是这样一位热心天文学的人，他曾经把一些关于天文学的著作贡献给学校。

小小的哥白尼很喜欢到格塞伦的家中去玩，他俩便东南西北地聊起来。哥白尼歪着脖子倾听，像一块海绵一般，吸吮着知识的养料。

"哥白尼，你喜欢天文吗?"格塞伦摸摸哥白尼的头，柔和地问道。

"喜欢，当然喜欢。能知道天上的故事，多好玩呀！"哥白尼天真地回答。

"那你读书了吗？"

"还没有呢。不知道爸爸会怎么安排。"

"还是上学校好！上我们圣杨学校吧！"

重视孩子教育的父亲决定送哥白尼去正规的学校读书，让他既接受必要的文化教育，又接受学校和社会环境的影响。

1480年秋天，哥白尼和哥哥安杰伊被父亲一起送到了圣杨学校读书。

这所学校的校长原本是哥白尼的舅舅瓦兹罗德。他大学毕业以后，曾经留学意大利，并且在波罗尼亚大学以优异的成绩取得了法学博士学位。

回国以后，瓦兹罗德在托伦办起了学校，亲自担任校长。没过多久，他又转到教会去工作。瓦兹罗德才华出众，学识渊博，很快就当上了神甫。后来，他又被罗马教皇亲自任命为瓦尔米亚地区的大主教。

舅舅是一位人文主义者，思想开放，提倡新学。他虽然日理万机，但是对于两个小外甥的学习还是很关心，嘱咐后来的校长格塞伦要悉心照顾他们。

而这所学校现在的校长原来就是哥白尼的邻居格塞伦，从此哥白尼只要一有时间就往格塞伦的家里跑。

为了方便孩子们就近入学，有钱的父亲又在托伦小学旁边买了一所房子。

新房子前面是宽敞的大街，后面是维斯瓦河，距离学校又很近。这样一来，哥白尼兄弟既可以像其他孩子一样到学校读书，又可以随时得到家人的关注和照顾。

当时，"文艺复兴"的光芒正在照耀着整个欧洲。

"文艺复兴"是欧洲在14世纪至16世纪出现的一个灿烂辉煌的文化运动，是欧洲文化和思想发展的一个重要时期。

"文艺复兴"反对中世纪的封建思想束缚，反对传统教条和旧的权威，在科学和艺术等多方面取得了巨大的发展，产生了一大批多才多艺、学识广博和为人类文明史作出卓越贡献的伟人。

哥白尼就生长在这个时代，并成为璀璨群英中一颗耀眼的明星。

哥白尼所上的圣杨学校也出现了文艺复兴的迹象。学生一进校门，就要学习三门人文课程，即必须学会用拉丁文读书和写字，以及掌握基础数学。

因为印刷术尚未普及，印书费用昂贵，当时几乎没有教科书，学生们上课必须把老师讲的东西全部记在脑子里。

这样一来，勤奋好学的哥白尼就养成了爱动脑筋的好习惯。

放学的时间一到，哥白尼总是跑到最前面，高兴地把当天所学到的知识说给妈妈听。他的记忆力很好，几乎能把课堂上所学到的内容都准确无误地复制出来。

哥白尼喜欢观察和思考问题。一天，家里丢了一把银匙子，那是母亲结婚时的陪嫁，因此母亲特别看重。

母亲里里外外找了几遍，毫无踪影，于是便认定是孩子们弄丢的。

哥白尼感到十分委屈，但又不明白，既然大家都没有拿，银匙子也不生脚，它会在哪儿呢？

于是，哥白尼便开始认真察看厨房的每一个角落。碗架里、油桶后、柴堆里，能找的地方都找遍了，哪儿也没有银匙子的踪影。

厨房里静悄悄的，这时从什么地方传来了一种极细小的声音，哥白尼仔细地听了一会儿，便向通往后院的门走去，就在门槛旁他终于找到了那把银匙子，而窃匙者竟是一群白蚂蚁。

白蚁正在门槛底下的小洞里出出进进地忙碌着，那把银匙子面目全非地躺在门边，匙子已缺了一大块，一些白蚁还伏在匙子上咬啮着。

白蚁的牙齿能咬得动银匙子？

哥白尼很感兴趣地伏下身子，仔仔细细地看起来，完全忘记了他寻找白蚁的初衷。

原来，白蚁是先从嘴里吐出一些液体，使银匙子的表面变得像面粉一样疏松，然后才一点点地把它吃下去的。它们的胃口真大，一个晚上几乎就把一个匙子啃得差不多了。

哥白尼像发现新大陆似的，叫了起来。他找来了爸爸，与爸爸一起跟踪追击，在后院的墙角下找到了白蚁的老巢，抓住了那批长翅膀的"窃贼"。

随后他们把"窃贼"放进一只小坩埚，下边点起火，对那些"窃贼"执行死刑。几分钟后，在坩埚底部，果然发现了一层银子。

"爸爸！那从白蚁嘴里吐出的是什么液体？它们为什么能够使银匙子变软呢？"

"具体的我也不是很清楚，不过我猜测应该是一种带有腐蚀性的液体，它把匙子腐蚀之后才使得它变软了。孩子，你要是感兴趣的话，就好好学习吧，我想书本会给你答案的。"

父亲的话并没有使哥白尼沮丧，反而进一步激起了他对未知事物的兴趣。

正是他这种旺盛的求知欲，使得哥白尼在日后不断地探索，最终解开了天文学上的一大奥秘。

# 痛悼父亲早逝

当时波兰的学校教育，受到了科学发展和教会势力的双重影响，从开设的课程就可以看出这个特点。

学校一方面开设数学、天文学、历史等学科，另一方面又开设神学等，教学日程必须按照教会日历。

要想在没有教材的情况下学好知识，首先需要有过人的记忆力，其次需要上课精神集中，此外还需要开动脑筋。只有同时具备这些因素，才可能准确掌握教学内容。

哥白尼天资聪颖，又勤奋好学，他的学习成绩一直都是班级里的第一名。每次考试，看见儿子都取得优异的成绩，父母总是沉浸在幸福欢乐的海洋里。

但是，就在这个时候，不幸降临了。哥白尼10岁那年，一场瘟疫在托伦城流行，终日繁忙、抵抗力差的父亲不幸也染上了瘟疫，持续高烧不退。

母亲请来了当地最好的教士给父亲看病，然而，没有一种药物能够为他解除高烧。

那时候，由于教会的专制统治，科学成了神学的奴婢，只有为神学的合理性寻找依据、与神学有关的学科可以发展，真正意义上的科学研究几乎可以说没有。

因此，5世纪至11世纪是欧洲历史上的黑暗时代。从12世纪起，随着古希腊罗马文化遗产被发现，欧洲的学术研究才开始复兴。

但是，由于教会的统治依然很严密，科学发展的步履仍然十分艰难。

当时的医学是非常原始的，占星术、巫术和宗教迷信还在医学领域占据着统治地位。

在埃及人和美索不达米亚人的医学文献中常用"妖魔"解释疾病，疾病被视为一种邪恶的精灵，医生因此往往用吐药、泻药或使人难受的药物来驱除病魔，有的甚至使用符咒等迷信手法来达到目的。

欧洲当时盛行的基督教吸收了这些不科学的思想和做法，认为上帝是宇宙的主宰，是万物的创造者。上帝施人以恩，也惩罚不敬神的人，疾病就是上帝对罪人的一种惩罚。

因此教士到来后就在病人的床前向上帝祈祷："主啊，饶恕这可怜的罪人吧！万能的主啊，他将忠诚地服侍您，以清洗他的罪孽。"

可是，在几天后的暗无天日的一天里，父亲从早到晚痛苦地呻吟，全身抽搐。傍晚时分，他才平静了下来。

抢救的医生摇摇头说："他走了！上帝保佑！"

母亲扑在丈夫身上，号啕痛哭："尼古拉，你怎么就这么走了，让我们孤儿寡母可怎么活啊！"

四个儿女也在父亲遗体旁，痛哭不止："爸爸！你不能死，你回来啊！回来呀！"

悲天动地的哭声，令人撕心裂肺，谁人见了不落泪，哪个听了不伤心。

在全家悲痛不已的日子里，哥白尼仿佛一下子长大了。

在人多的时候，哥白尼从不落泪，帮助妈妈干事。一个人的时候，他想起父亲生前的音容笑貌，泪水就一个劲儿地往下流。

要知道，这是1483年，他才10岁啊！少年丧父，可谓人生之一大不幸了！

哥白尼时常一个人怔怔地发愣，他在想一个个难解的问题，真是斩不断，理还乱。

父亲的病逝，使10岁的哥白尼产生极大的震动，心中产生了一

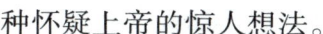

种怀疑上帝的惊人想法。

那个给父亲看病的教士说，不管发生了什么事情，总归是得罪了上帝。上帝是宇宙的主宰、万物的创造者，人人都要听从上帝的命令。

上帝创造了人，给了人肉体，又给肉体创造了灵魂。父亲的死是因为他的肉体和灵魂要回归到上帝那里去了。

"大人说，瘟疫是神为了惩罚那些罪恶的人才降临的，可父亲是虔诚的教徒、难得的人才，为什么也遭此厄运？"

哥白尼不太相信教士的话。父亲在他心中的形象是高大的，他见义勇为，乐善好施，为托伦城人出策出力。

更重要的，教士说上帝把灾难降给人类，是为了惩罚不敬神的人，可是爸爸是个敬神的人，为什么也得受难呢？

看看周围每天要发生许多不幸的事，难道这都是上帝的意旨？

哥白尼望着蓝天上数不清的星斗，问也得不到回答，只有自己心灵之星的眼泪，像断了线的珍珠落下来。

当时人们认为上帝住在天上，所以哥白尼决定要一辈子研究天空，使人们不再对神秘的天空望而生畏。

就这样，父亲的早逝成了哥白尼人生道路上极为重要的一个转折点。正是在这个阶段，他早早立志献身天文学，并且为了探索天文学的奥秘而终生努力。

# 抉择人生方向

这是一个有凝聚力的家庭。父亲的死并没有把家庭击垮。坚强的母亲挑起了抚养孩子、管理家庭的重担。

料理完父亲的丧事之后，这个家庭又恢复了正常。哥白尼和哥哥又重新回到了学校去读书，两个姐姐也都继续到修道院学习《圣经》和封建礼节。

丧父之后的家庭，一切又都井然有序，每个人都在默默做着自己应该做的事情。可是，灾难又一次降临到了这个家庭身上。

哥白尼和哥哥、姐姐们还没有从悲痛中解脱出来，母亲也不幸染上了瘟疫，不久之后便不治身亡了。

哥白尼和他的哥哥、姐姐成了孤儿。

这一次，这个家庭是真的塌了天了。父母双亡，留下四个未成年的孩子，这个家又该何去何从呢？

当时，哥白尼的舅舅还远在罗马，顾不上前来照顾他们。眼看着这个家庭就要垮掉，幸好这个时候，哥白尼的姨妈及时伸出了援手。她住到了哥白尼家里，承担起了管理家务、照顾孩子的责任。

孩子们在姨妈的照顾下，总算是渐渐地从阴影中走了出来。虽然他们并不缺少钱财，但是却再也享受不到父母的关爱了。

原本欢快的家庭一下子就变得异常冷清，大房间空荡荡的。哥白尼仿佛在一夜之间长大了，他再也不像以前爱动，而变得沉默寡言了。

父母双亡，对于四个年幼的孩子来说，该是一个多么大的打击啊。这使得他们无忧无虑的童年生活结束了。

哥白尼的大姐生性忧郁，她不堪世俗的烦恼和痛苦，还是选择了修道院。

哥白尼的二姐性格和大姐迥然不同，她觉得自己的两个弟弟都是喜欢学习的人，将来如果好好读书的话，一定会有出息的。况且姨妈家的生活条件也不是很好，如果还要带这样四个孩子的话，对于她们一家来说，压力岂不是更大了吗？

大姐性格柔弱，而两个弟弟年纪还这么小，她身为姐姐，一定要为这个家庭承担起责任。

二姐决定要嫁给一个富商。

"什么？你要嫁给富商？这怎么可以！你才多大呢！"

姨妈听说二姐要嫁给富商之后，忍不住抱住二姐痛哭起来。哥白尼和哥哥的拳头也都握得紧紧的，揪着二姐的衣裳一个劲儿地哭。

两个姐姐被安置之后，这个家庭就剩下哥白尼和哥哥了，而这个时候，他们的舅舅瓦兹罗德终于来到了他们身边。

舅舅乌卡什·瓦兹罗德的官邸位于风景如画的韦纳河畔，虽然是一座漂亮的防御性建筑，但并不显得呆板单调，宽大的窗子为整个城堡增添了明快的色彩。

通过护城河上的吊桥才能进入城堡的内院。庭院的周围是两层围廊，二层楼上住着主教和他的两个外甥及其随从人员，那里设有小教堂、图书馆和餐厅。

这座豪华的城堡，显示出主教是一位有雄心和抱负的人。

对于如何教育和培养这两个小外甥，成了瓦兹罗德心中的一个矛盾：是把他们培养成神职人员呢，还是让他们继承父业成为商人呢？舅舅一时之间也拿不定主意。

瓦兹罗德是一个十分民主的人，他从来不会强迫别人按照自己的意志行事。

有一天，瓦兹罗德把哥白尼和他哥哥安杰伊叫到跟前，对他们说道："孩子，对你们父母的事情，我很难过。但是现在悲伤已经过去，你们要重新打起精神，好好走以后的路，知道吗？"

"舅舅，我们知道。"哥白尼和哥哥异口同声地说道。

"那很好。现在舅舅问你们，你们是想要和你们的父亲一样做一个商人呢，还是想和舅舅一样做一个神职人员呢？"舅舅语气和蔼地问道。

父亲高大的形象又一次出现在哥白尼的心中，他也想过要做一个商人，就像父亲那样，成为人人仰慕的人。

但是另一个声音告诉他，他需要研究天上的星星，他要去揭开宇宙的秘密，他要看看天上到底有没有上帝的存在。

哥哥安杰伊问道："舅舅，做商人有什么好处呢？"

舅舅轻轻抚摸着安杰伊的脑袋，说道："你这个小滑头，如果做商人呢，就像你们父亲一样。如果经商成功，就能获得很丰厚的回报，有了钱以后就可以参加社交活动，获得一定的社会地位。"

"那神职人员呢？"

"舅舅不就是一个神职人员吗？呵呵，神职人员有社会地位，有固定的收入，被人们尊敬。"

"那么，做商人和做神职人员各有什么坏处呢？"

舅舅把两个孩子抱了起来，让他们坐在自己的大腿上，温和地说："神职人员呢，可能赚的钱没有商人多。但是商人呢，可能赚的钱很多，但是风险也一样很大，万一经营失败，可能就家破人亡，什么都没有了。舅舅比较倾向于你们做神职人员，这样安稳一些。不过舅舅不会替你们选择。现在你们自己考虑一下，想要做什么呢？"

哥白尼想都不想就说道："舅舅，我想做神职人员。"

哥哥安杰伊考虑了一下，然后也决定听从舅舅的建议，说："我也是。"

舅舅开心地摸摸两个小外甥的脑袋，说道："要想从事神职工作，就必须要有渊博的知识和很高的学位。从明天开始，你们两个就去海乌姆诺学校读书吧。"

海乌姆诺学校是当时波兰最好的中学。在舅舅的培养下，哥白尼开始走上了一条辉煌的道路。

# 求学生涯

勇者并不是蛮勇。凡见义不为为非勇，欺凌弱小为非勇，贪图便宜、使乖取巧、自私自利皆为非勇。

—— 哥白尼

# 接触天文学知识

舅舅瓦兹罗德为了让两个小外甥专心致志地学习，为他们提供了舒适的生活条件和物质基础。

进入海乌姆诺中学以后，哥白尼就像是进入了一个崭新的小天地。这里有宽敞的教室、丰富的藏书，有可以用于观察天文的高台，也有知识渊博的老师。

学校开设的课程也多种多样。由于受到了欧洲文艺复兴运动的影响，在这所全波兰最好的中学里面，课程之丰富让哥白尼眼花缭乱。

学校的必修课程有神学、法学、拉丁文等，选修课程有天文学、逻辑学、地理、意大利语等。

优良的教学环境和丰富多彩的知识一下子就把哥白尼深深吸引住了，哥白尼很快就融入了这个新的知识海洋中。

哥白尼逐渐在学习中找到了乐趣，开始渐渐地忘却了父母双亡带来的痛苦。他变得和其他孩子一样，有了少年人的活力，走路都昂首挺胸的，脸上也开始挂着淡淡的笑容。

海乌姆诺学校还是和哥白尼以前上过的圣杨小学一样，老师的课本都是不发的，学生只能凭借着自己的记忆学习。哥白尼还是一如既往地将老师课上所讲的知识一点一滴地记录下来。

唯一遗憾的是，他不能在下课之后把学校中学习到的知识再一五一十地复制背诵给母亲听了。而舅舅的工作十分繁忙，也没有时间来听哥白尼背书，这使得哥白尼有点抑郁。

哥白尼善于思考，不管是什么课程，他总会提问，而且问的问题都很巧妙，让老师都觉得很有意思。渐渐地，所有的老师都喜欢上了

这个好问的学生。

同学们对哥白尼更是友好，因为他们没有哥白尼那么好的记忆力，而且老师上课用的都是拉丁语，有些同学听不懂拉丁语，有些同学虽然听懂了，但是却不能用拉丁语快速熟练地做笔记。

整个班级只有一个天才能够做到这一点，那就是刚刚转学过来的哥白尼。哥白尼在5岁的时候妈妈就开始教他拉丁语，在圣杨小学的时候又打下了良好的基础，所以来到海乌姆诺学校以后，学习还是很轻松，并没有一般学生转学之后所遇到的困扰。

学校里有一位教天文学的老师沃德卡，他十分喜爱哥白尼，时常给他"吃小灶"，请他在课后到他家去做客，一起做天文仪器，一道探讨天文知识。

沃德卡老师的桌案上有一台天文仪器日晷，也叫日规，是古代的一种利用阳光的照射角度来测定时间的仪器。

"沃德卡老师，这是你自己做的吗？"哥白尼用惊羡的口吻问。

"是啊！你喜欢吗？你如果想要的话，就给我做助手，我们一起做一台，做成的话就属于你了。"

"是吗？那太好了！不瞒您说，我早就对您这台日晷眼馋了呢！"哥白尼爽快地说。

此后，师徒俩就协同作战了。他们计算、核准，又削又雕，没几天，第一台日晷便制作出来了。

哥白尼高兴极了，小心翼翼地端详着，抚摸着，像是欣赏一件珍宝似的。他向老师投去感激的目光，下定决心，一定要向天文学的峰巅挺进。

这样，老师的表扬和赞赏，同学们的友好和欢迎，让哥白尼在第一时间融入了这个新的集体之中。

大家都乐意和哥白尼一起玩，一起学习，一起研究问题，这些也都加强了哥白尼对知识的热爱。

但是伴随着哥白尼学习的深入和知识储备量的增加，他提的一些问题就连老师也回答不了，或者说不愿意回答了。

"老师，托勒密的地心说有科学依据吗？"

"老师，地心说是怎么被证明的呢？"

地心说最初由古希腊学者欧多克斯提出，后经亚里士多德、托勒密进一步发展而逐渐建立和完善起来。

托勒密认为，地球处于宇宙中心静止不动；从地球向外依次有月球、水星、金星、太阳、火星、木星和土星，它们都在各自的轨道上绕地球运转。

其中，行星的运行要比太阳、月球复杂些。行星在本轮上运行，而本轮又沿均轮绕地球运行。

在太阳、月球、行星之外，是镶嵌着所有恒星的天球恒星天。再外面，是推动天体运动的原动天。

这本来是天文学的一种观点，但自基督教成为欧洲官方的宗教后，托勒密的"地心说"就被基督教所利用。因为基督教认为地球是上帝创造出来给人类居住的，是整个宇宙的中心；地球的内部是地狱，宇宙的外边是天堂，天堂是上帝居住的地方。

托勒密的"地心说"正符合基督教的观点，因此被认为是绝对正确的学说。

在长达一千多年的时间里，欧洲的人们一直信奉着托勒密的学说，地心说已经深入人心，谁要反对，谁就是基督教的敌人。

哥白尼的问题直接针对托勒密的地心说，难怪会碰壁。在当时教会统治天下的年代，又有谁愿意回答这类敏感的问题呢？

哥白尼在学校中遇到了挫折，回家之后又不敢和舅舅说，一段时间以来就显得很抑郁。

一天，舅舅回家，看见哥白尼一个人坐在窗户前发呆。他轻轻地走了过去，问道："哥白尼，怎么一个人坐在这里发呆呢？在想什么问题呢?"

哥白尼抬头一看，原来是舅舅回来了，便郁闷地说道："舅舅！我最近问老师们一些问题，可是老师都不愿意回答。"

"哦？是什么问题呢？说出来给舅舅听听，我帮你解答解答。"

舅舅瓦兹罗德在天文学、神学、数学、法学等学科都有很高的造诣，听说哥白尼是因为学习上遇到困难而闷闷不乐，他感到培养这个爱好读书的孩子的责任很大。

于是，哥白尼就把自己在学校中遇到的问题给舅舅说了一遍。

瓦兹罗德是一个进步的神学家，他提倡新学，具备一定的先进思想。虽然他本身是教会的大主教，但是对于教会某些现象，他也是看不惯的。

舅舅很喜欢哥白尼，他一五一十地把哥白尼的疑问给解决了。从那以后，哥白尼只要在学校中遇到解决不了的问题，就回家问舅舅。

舅舅就像是一个超容量的图书馆一般，他的知识量无穷无尽，仿佛这个世界上没有他不知道的事情。不管哥白尼遇到什么问题，舅舅都能够帮他解决。

渐渐地，哥白尼在舅舅身上找到了父亲的影子，他开始越来越信任舅舅，有什么事情也都愿意和舅舅商量了。

舅舅觉得这个孩子很有灵性，培养得好，将来一定会有很大的作为。于是，他就开始有意识地引导哥白尼，愿意多花一些时间和哥白尼讨论，以便让哥白尼受到更大的启发。

# 受到革命思想熏陶

瓦兹罗德本身是大主教，在"政教合一"的年代，舅舅在社会上很有地位，经常会收到各种各样的聚会请帖。

舅舅也和父亲一样，喜欢参加社交活动，每个星期舅舅都会带上哥白尼去参加各种各样的社交活动。

舅舅的朋友很多，有诗人、神父、学者等。他们经常聚在一起，探讨一些时政和欧洲文艺复兴运动以来产生的新现象。

小时候父亲带哥白尼去消夏的时候也会有这种活动，但是哥白尼因为年纪太小不能理解。现在哥白尼渐渐地长大，开始听懂了这些大学问家们的谈话，并且从中学到了很多书本中学习不到的知识。

哥白尼是个感情丰富的人，有时还好冲动，人们感到他是一个可交的人。

在舅舅的朋友中，有一个叫作卡利玛和的人。他是意大利著名的诗人和革命家，因为秘密筹划推翻腐朽的罗马教廷而被教皇下令逮捕，从意大利流亡到了波兰。

波兰国王是一个开明的君主，他收留了卡利玛和，并且聘请他担任自己的顾问和王子们的拉丁文教师。这样，卡利玛和就在波兰定居了下来。

有一天，舅舅将一位客人带回了家中，对哥白尼介绍道："来，哥白尼，舅舅给你介绍一下，这位是你卡利玛和叔叔。"

卡利玛和？眼前这位一脸精神气的中年人就是那个著名的诗人革命家卡利玛和吗？

"您好，卡利玛和叔叔。我听舅舅说起过您。您的诗真是让人陶

醉啊！"哥白尼有礼貌地打着招呼。

卡利玛和温和地说道："你好呀，年轻人！我也知道你，你可是你舅舅的心肝宝贝啊。"

不一会儿，卡利玛和和哥白尼就欢快地聊上了。卡利玛和听说哥白尼很喜欢天文学时，他的双眼中闪过一丝诧异的光芒，说道："你这么小就喜欢天文学，这可真了不起。那么天文学的两大法宝，你知道是什么吗？"

"不知道，我刚刚接触天文学，只是平时喜欢看一些天文学的作品，还有很多不明白的地方，请叔叔教我。"哥白尼说道。

"嗯！很好，诚实谦虚是一种美好的品德。"卡利玛和先是赞扬了一下哥白尼，然后严肃地说道，"天文学有两样至关重要的法宝，你一定要记住，一个是数学，一个是观察。"

"天文学的观察对象是天体运动，如果没有准确观测，就不能知道天体运动变化的具体过程。同样的，如果没有数学计算，也不可能找到天体运动变化的规律。"

"年轻人，天文学是一门意义重大的革命科学，现在在天文学中占据统治地位的是由托勒密建立的地心说。但是近些年来，尤其是意大利那边兴起的文艺复兴以来，出现了很多新的观察结果，而这些结果却无法用托勒密的学说去解释。所以在未来的某一天，地心说会被一种新的学说所代替，你明白吗？"

卡利玛和话锋一转，突然之间将话题说到了托勒密的地心说上面。不知道是有意还是无意。

当哥白尼听到会产生一种新的学说代替托勒密的地心说的时候，眼眸中竟然闪烁着一种炽热的光芒。

哥白尼点头说道："我知道的。"

"研究天文现象是一件十分辛苦的事情，切记不能急躁，既要吸取前人的研究成果，也不能盲目相信。记住一句话，凡事都要三思而后行，要相信自己的眼睛。"

卡利玛和不愧是一名优秀的革命思想家，他的话语间带有强烈的革命主义思想。很显然，他对于当下教会禁锢思想，一些学者不讲事实、不做观察，盲目推崇托勒密地心说，只为宗教而服务的现象，是看不惯的。

哥白尼恭敬地说道："我一定会牢牢记住先生的教诲。"

卡利玛和拍拍哥白尼的肩膀，说道："年轻人，你已经长大了，这个世界的明天还要依靠你们来支撑。你叔叔已经在克拉科夫大学为你做好了一切准备，等你毕业以后，就去那里读书吧。好好读书，别辜负了我们大家对你的期望。

"人生的道路有千万条，你既然走上了这一条路，就一定要相信自己，千万不要有所畏惧。真理，永远掌握在少数人手中，我相信你的未来一定会有一番很大的作为。"

卡利玛和用热切的目光看着眼前这个饱含求知欲望的少年。他不知道自己这一番话哥白尼能够听进去几分，但是他相信自己已经为他指明了道路。

有了进步的社交和社会名流的教诲，再加上舅舅的精心培养和卡利玛和的指点迷津，少年哥白尼很快就领悟到了其中的关键。

哥白尼在少年时期就树立了正确的人生观，并且在以后的人生道路中沿着这条路不断地走下去，终于打破迷信，寻找到了真理。

# 前往克拉科夫求学

1491 年秋天，哥白尼以优异的成绩从海乌姆诺中学毕业了。这一年，哥白尼刚满 18 周岁。

毕业后，舅舅把哥白尼送进了克拉科夫大学。舅舅为培养这个聪慧的外甥，花费了大量的心血。

为了把哥白尼培养成对社会有用的人，瓦兹罗德为哥白尼选择了最好的教育环境。

大学生活的开始，是哥白尼一生中的转折点。

当时的交通工具只有马车。从瓦尔米亚主教官邸出发，到哥白尼和哥哥安杰伊要去的克拉科夫大学，路上约花两周的时间。

正值深秋季节，秋风裹挟着树叶，吹落到路边，铺起了一道树叶路。马车车轮碾在树叶铺就的路上，发出"飒飒"的声响。

"哥白尼，你还记得爸爸活着的时候，带咱们去首都克拉科夫的情景吗？那儿有壮观的瓦维尔王宫，有各界的社会名流。这回咱们要去那儿上大学，爸爸要是知道，他该多高兴啊！"哥哥安杰伊既兴奋又伤感手抚胸膛对弟弟说道。

"记得，当然记得。我真想快点到达那美丽的城市，到当年爸爸去过的地方走一走。"

兄弟俩充满了激情，满怀着憧憬一路上观看着沿途的景致，兴奋地交谈着，似乎忘却了旅途的劳顿。过了十来天，他们终于来到了全国的政治文化中心克拉科夫。

走到街上，看到的是雄伟的宫殿和豪华的民宅，听到的是来自四面八方的各种语言。克拉科夫大学当时正值兴旺时期，以其崇高的声誉召集了各地青年。

克拉科夫大学，后改称雅盖隆大学，在当时已经闻名遐迩。当哥白尼进入这所大学时，它已经130多岁了。

1364年，波兰国王卡齐米日·维尔基修建了这所大学。这是继布拉格大学之后，中欧的第二所大学。

作为文艺复兴运动的故乡，意大利文化在很大程度上影响了欧洲的许多国家，波兰也在其列。克拉科夫大学作为中欧的第二所大学，它的建筑规模也都是仿造意大利大学而建设的。

根据罗马教皇的旨意，克拉科夫大学设立了六个民法研究院、三个神学研究院、两个医学研究院和一个人文学院。

学校的管理体制十分民主，大学校长经过教授会民主选举，只有德高望重的大学教授才有选举的资格。

克拉科夫大学在坚持教授治校的同时，实行民主管理，每一位神职人员都有权力提出自己的意见。

克拉科夫大学的教授们很熟悉欧洲大陆上的一切新潮思想和学术动态，对当时的主流思想都有很深刻的把握和理解。

有了自己的大学，不仅给国王脸上增添了光彩，也为国家培养了知识人才。哥白尼的舅舅瓦兹罗德就是一个典型的例子。

而瓦兹罗德之所以将哥白尼和安杰伊安排在克拉科夫大学读书，也是有着自己的考虑的。

瓦兹罗德本身就毕业于克拉科夫大学，在这里有他的导师和同学、朋友，况且他的挚友卡利玛和也在克拉克夫大学教书。这样一来，就能够很方便地拜托他们照顾好哥白尼兄弟。

哥白尼对于舅舅的安排也很满意。一方面克拉科夫大学名气大，学风好，乃是当时波兰最大的学术摇篮；另一方面，他小时候在这里生活过，对于这座城市，他也有着一定的感情。

更何况，哥白尼的二姐还生活在克拉科夫。

马车带着哥白尼和哥哥安杰伊缓缓地停在了二姐家的门口。当年二姐为了减轻姨妈家的压力，毅然选择了嫁给一位有钱的富商，而现在，很多年过去了，哥白尼终于能够再次见到自己的二姐了。

二姐夫果然是个富豪，和当年哥白尼的父亲一样，是一个事业有成的商人。他的房子很气派，宽阔的大街上，一幢房子耸然挺立，大门的两侧各有两根大柱，显得十分气派。

马车刚在门口停下，早已经接到消息的二姐就飞快地迎了出来，拉住哥白尼和安杰伊，深情地说道："哥白尼、安杰伊，能够看见你们我真是太高兴了。来，我给你们介绍，这位是你们的二姐夫。"

二姐夫是一个身材很健壮的男人，他微笑着说："你们两个就是哥白尼和安杰伊吧！快请进吧。以后这里就是你们的家，有什么需要就直接和我们说。"

"谢谢二姐夫。"

看得出来，二姐现在过得很幸福，二姐夫也是一个很和气的人，哥白尼和哥哥安杰伊真心为二姐能够幸福感到高兴。

分开几年的姐弟三人终于在克拉科夫市相聚了，但是哥白尼并没有按像二姐所安排的那样住在他们家里。为了安心学习，他们坚持居住在学校安排的宿舍中，开始走上崭新的求学之路。

# 立下终身志向

克拉科夫大学管理民主，教学严谨。在治学方法上，克拉科夫大学实行的是文理并重，不管是学文还是学理，第一年的新生都必须到文学院注册，先学习一年的文学课程，奠定了必要的文学基础之后，才能选择自己喜欢的专业学习。

哥白尼来到克拉科夫大学之后，首先需要选择的就是自己要学习什么专业。

哥白尼的兴趣广泛，他从小就喜欢各种知识和文学艺术，不管是数学、神学、法学还是天文学，或是音乐、美术、文学等，哥白尼都有着浓厚的兴趣。

当年，哥白尼的父亲遭遇瘟疫死去的时候，他曾经想过要去学习医学当一名医生。年少的他曾经单纯地想到，如果当时社会上有一名医术超群的医生，也许爸爸妈妈就不会死了。

但是哥白尼最喜欢的却是天文学，而卡利玛和先生曾经说过，要想学好天文学，就必须要掌握好数学知识，所以数学也成了哥白尼必须学习的知识。

选择天文学的话，就必须要面对一个十分重要的现实问题，那就是就业问题。在当时，选择天文学的人不少，但是真正能够找到合适工作的人却是少得可怜。

所以哥白尼经过一番权衡之后，决定先研究法学和医学，然后再学习天文学。学习好医学和法学，就能够找到一份不错的工作，解决了生存问题。

这样，再去研究天文学的话，就可以做到无后顾之忧，就能够一

心一意安心地实现自己的理想了。

克拉科夫大学十分注意整治校风。学校规定，大学生见到院长要脱帽屈膝致敬。哥白尼开始对学校的严格制度感到惊讶，后来也逐渐习惯了。他见到师长总是脱帽致意，毕恭毕敬。

当时的大学生都住校，可以说是过着半修道院式的生活。当然贵族子弟可以在城里单独租房住，但必须在某位教授的监督之下。

哥白尼和哥哥虽然有能力租赁私人住宅，而且他们的二姐和二姐夫也曾经邀请过他们住在他们家里，但他们还是选择住在学生宿舍里。

在当时，拉丁语是世界性的语言，就如同今天的英语一样，来自全世界的学者在克拉科夫大学交流都是使用拉丁语。有了语种上的优势，哥白尼可以和来自世界的学者们交流。

"哥白尼，你真行，和谁都能打交道。"朋友们俏皮地称赞。

哥白尼只是微微一笑作答。他心里明白，这大概要归功于舅舅经常带他一道去参加社会活动。

克拉科夫大学中人数最多的系是天文学系。克拉科夫大学对于教师的要求也是极高的，只有获得硕士学位和起码教过两年课的，并且是法律、神学或医学这样一些高级系毕业的学生才能成为天文学系的正式教员，从而享有充分的选举权。只有从事教学工作满四年的人才有资格担任该系的主任。系主任一般每半年选举一次，一年选举两次。

新当选的系主任要宣誓遵守学校规章，监督学生认真学习，并把违反学校纪律的学生全部呈报校长。系里的每位讲师必须教授两门课程，即阅读课和练习课。

学生为了能通过期末考试，每天有义务起码上两堂课；为了获得最低的学士学位，起码要用两年时间读完 11 门课程，尤其是要学会分析亚里士多德的作品。

从综合性大学问世起，亚里士多德的著作就一直被作为大学不变的教材。

在克拉科夫大学，讲授量最多的是亚里士多德的逻辑学，也称作辩证法。要想获得更高学位，譬如硕士学位，必须在38个月内学完亚里士多德的9本著作，如《伦理学》《物理学》和《形而上学》等。

此外，还依据几百年前的教材讲授拉丁文语法和修辞学，教学生掌握异常复杂的教会历法和学会计算日期不固定的宗教节日，譬如复活节和降灵节等。

作为克拉科夫大学的学生，在学习神学和法律学之前必须做的艰苦的准备工作是需要提前掌握天文学、星占学、算术和乐理知识。

这样看来，克拉科夫大学的负担还是很重的，这也是为什么在这所大学只有极少数学生才能坚持到底获得学位的原因。

而哥白尼则凭借着自己顽强的毅力，成为这些坚持到底的学生中最为璀璨的一位。

哥白尼在大学一年级学习了拉丁语、波兰语、意大利语、罗马史、神学、法学、哲学和逻辑学等多门课程，为他后来的研究和写作打下了一个坚实的基础。

尽管在入学的第一天哥白尼就坚定地选定天文学作为自己的研究方向，但是对于学校安排的文学科的课程，他非但没有反感，反而学得很有兴趣。

哥白尼的兴趣广泛，他喜欢诗歌，也喜欢语言艺术。他知道，只有掌握多门语言，才能在今后的学习和研究中排除语言障碍。

在当时，出国留学已经是一种常见的现象。哥白尼的舅舅瓦兹罗德就曾经到意大利留学，获得博士学位。

哥白尼把大学第一年的课程，当成是日后打基础的必备条件。在学习中，他接受了人文主义思想，并且逐渐产生了对传统理论的叛逆心理。

这种心理发展到最后，就成了全面否定托勒密的"地心说"。

到了大学第二年，哥白尼开始了专业课程的学习。他把精力主要放到了数学、天文学、法学和医学等学科身上。

在当时，宗教神学统治世界，学习和研究天文学，目的并不是要研究天体运动的规律，而是为了巩固统治和实际生活需要。

一方面，教会需要天文学家准确地计算所有不同节日在具体年份的准确日期，需要编制日历和从事非常复杂的时间统计工作。另一方面，则是为了培养"占星术士"。

所谓"占星术士"，就是依靠观察形势变化预知祸福的人，他们通常是由王室、高官和军队培养。

有名的占星术士又被称为占星学家。他们对于天体星辰的观察和对祸福的预测，被称为占星术。

绝大多数学习天文学的人，都是希望能够通过掌握占星术而成为国王或者高官们的座上宾，享受功名利禄。

但是哥白尼的目的和他们迥然不同，他纯粹就是为了获得更多的知识。他想要揭开天体运动的真相，想要研究天体运动的规律，而并非将它视为谋生的手段。

1492年，就在哥白尼就读大二的这一年，哥伦布发现了美洲。与这个惊世的地理大发现相映生辉的，则是天文学的进展以及与航海业之间紧密相连的联系。

哥伦布的地理大发现显示了天文学和导航术之间存在着紧密的联系。当哥伦布发现美洲大陆的消息传到克拉科夫之后，世人震惊了，而作为指导哥伦布前进的天文学，也在这一时间以极其快的速度发展了起来。

# 导师的深刻影响

哥白尼求学克拉科夫大学期间，学到了很多知识，也结交了很多的朋友，其中对他影响最深刻的就是他的天文学导师沃伊切赫。

沃伊切赫是当时欧洲最著名的天文学家之一。在克拉科夫大学，他担任数学和天文学教授，同时他还是一位具有新思想的人文主义者。

哥白尼自从认识了沃伊切赫教授以后，他最爱上的就是沃伊切赫的课。沃伊切赫在授课中，善于把学生的数学爱好同天文学以及人文主义思想结合起来。

沃伊切赫讲起课来，旁征博引，视野宽阔，并不限于所授的专业。他写了一些天文理论，还编制过天文历表。

沃伊切赫对于陈腐的谬见给予毫不留情的批评。他敢于提出一些大胆的假设和创建，许多观点都是学生们闻所未闻的。

这些都开拓了哥白尼的思想，为哥白尼日后敢于全盘否定托勒密的"地心说"埋下了种子。

沃伊切赫喜欢讲月亮，他曾对月亮进行过多次观察。在常人眼里很平常的月亮，到了他的嘴里便变得趣味盎然。

哥白尼清楚地记得，他上的第一堂课讲的就是月亮。

"同学们，很高兴今天又能给大家上天文学课，今天我们的课程是讲述月亮的秘密。在上课之前，老师要先问你们两个问题。第一个问题是：当月亮围绕地球转圈子时，你们觉得它的轨道是什么形状？第二个问题是：你们看到过月亮的后脑勺吗？好了，请大家思考一下，然后告诉我答案。"

沃伊切赫教授刚提完问题，教室里就像炸开了锅，响起了各种争论声。

沃伊切赫教授提出的这两个问题是大家从来没有思考过的，大家一时之间都觉得很奇怪，教室里纷纷攘攘，到处都是议论声。

"月亮的轨迹是圆形的吧，这个书上都这么说的。"

"是的，托勒密的学说也是支持月亮的轨迹是圆形的。"

"可是我怎么就没有看见过月亮的另一面呢？"

"是呀！从小到大，月亮好像就是只用一面对着我们。"

"我听说沃伊切赫教授研究月亮十几年了，难道是他有什么新的发现了？"

"我猜一定是这样的，肯定是沃伊切赫教授有研究成果了。"

同学们争着、吵着。沃伊切赫教授笑嘻嘻地听着，等大家说够了，他才挥挥手示意大家安静下来，说道："好了，现在，有哪位同学自告奋勇来回答我的问题？"

"我来。"

哥白尼早就等不及了，他相信他的答案是最有道理的，因此很想第一个起来回答问题。

哥白尼信心十足地说："月亮走的轨道一定是圆形。"

这个答案没什么稀奇，前面好几个人都这样说。可是别急，他还有下文呢，这才是他最得意的。等大家静了下来，哥白尼才不慌不忙地说出了他最得意的那句话——"因为古人说过圆是完美的几何图形。"

"哥白尼，这么说你读过古人的著作？"沃伊切赫教授吃惊地问道。

"读过一些。"哥白尼谦逊地回答。

沃伊切赫教授让哥白尼坐下，随后便接着哥白尼刚开始的话题讲起来。

"哥白尼同学说得不错。诚然，古人确实说过圆形是一种完美的图形，所以他们断定天体运动的轨道应该是圆形的。一千多年来大家也都是这么认为的。"

议论纷纷的教室顿时安静了下来，大家都支起耳朵听沃伊切赫教授精彩的讲课。

沃伊切赫出人意料地说道："可是我的眼睛告诉我，古人的这个说法在月亮上并不合适。认为月亮的轨道是圆形，这是一种错误的观点。事实上月亮的轨道不是那么回事，它是椭圆形的。"

"椭圆形的？"沃伊切赫教授还没把话说完，同学们便惊讶地叫了起来。

"怎么可能是椭圆形？"

"是我听错了吗？怎么会是椭圆形的呢？"

"托勒密的地心说不是认为所有的天体都是做圆周运动吗？"

"沃伊切赫教授，这是怎么回事呢？"

教室里像炸了锅一般。沃伊切赫教授的话把同学们的求知欲望都给激发了出来，所有的同学都想知道这是怎么一回事。

"是椭圆形的！你们没有听错，我观察了好长一段时间，研究结果发现月亮的轨迹确实是椭圆形的。"沃伊切赫教授肯定地说。

接着，沃伊切赫教授语重心长地说道："我们要了解那未知的宇宙，当然要学习古人的著作，同时还要用自己的眼睛去仔细地看。"

"老师，那你说的月亮的后脑勺又是怎么回事呢？"

对于月亮的后脑勺问题，同学们谁也讲不清。只要天气好，月亮就像一盏灯一样悬在空中，可是有谁去注意过它究竟是用脸还是用后脑勺对着你呢！

"月亮究竟是用那一面对着我们呢？我想绝大多数同学都没有好好地观察过这个现象，那么老师告诉你们，月亮从来只用一个面对着地球。因此在地球上我们是看不到月亮的后脑勺的。"沃伊切赫教授语出惊人。

这一堂课给哥白尼的印象太深了。一下课他就跑到沃伊切赫教授跟前，请求老师教他怎么看星星和月亮。

沃伊切赫教授把他带到了天文观察室，那里放着一些简单的天文仪器，有捕星器、三弧仪。

沃伊切赫教授告诉哥白尼，这些仪器是著名的星占家玛尔卿·布利查送给学校的。他还让哥白尼晚上来，他将教哥白尼怎么使用这些仪器。

沃伊切赫教授平易近人，和学生们建立了深厚的友谊。尤其是对哥白尼，他更是器重和疼爱，常常和他一起散步，无拘无束地谈天，有时是关于天气的轻松话题。

"哥白尼，你看看，今天晚霞满天，你说说明天天气会怎样。"

"我看明天一定是晴天。"

"我看不一定，我还是带着雨伞更妥当些。哈哈！"

有时候，他们也会针对一些宇宙体系进行深入探讨。

"老师，什么叫'黄道'呢？"

"'黄道'是我们从地面看到的太阳一年内在星群之间走过的轨道。古代天文学最发达的国家是巴比伦，他们利用月相精密地测定了一个月的长短。

"他们注意到太阳、月亮和行星在天空中运行的路径都在一个大圆圈的附近。他们把这一带分为 12 个相等的部分，并且以其附近的星座命名。

"希腊人继承巴比伦人，把这一带叫作黄道带，这12等份叫作黄道12宫，一年内太阳经过这12宫。关于这个，你不是早就知道了吗？"

"是的，老师。但是，我想问的是，太阳是随着黄道周而复始地运动的，而另外一些星球，如金星、水星、火星等，却总是沿着黄道附近绕圈子，平时由西向东移动，有时又慢下来，似乎停住了。然后由东向西走了一小段，又折回它们平时运行的方向。这是为什么？"

"托勒密教授的'本轮'和'均轮'学说你也读过，它可以帮你解答这个问题。宇宙中是存在某一些行星做这种不规则性运动的。"

"是的，托勒密先生的学说讲得很详细。他这个理论虽然也能解释一些现象，但我总是有些疑问。为什么'均轮'的圆心不是地球，而是一个虚设的点呢？好吧，假设这个虚设的点存在，那他为什么又要假设另一个事实上并不存在的'地球的对称点'呢？"

"这个问题，我也说不清楚。不过从他的一系列精密的运算来看，他是能够自圆其说的。"

"教授，能不能把你的话倒过来说，托勒密先生是为了让他的理论能够自圆其说，才编造一些不存在的假设呢？"

沃伊切赫教授听了哥白尼的反问，不禁怔了一下。虽然他自己也曾对托勒密的天文理论提出过个别"修正"案例，但是想不到眼前的这个年轻人竟走得这么远。

他停顿了一会儿，然后用力地握住学生的双手说："哥白尼，你真是我见过的年轻人中最有天赋的一个。不过，我实在难以解开你心中的疑团。

"你还是自己深入地钻研更多的天文学和数学书，勇敢地挺起胸膛，去寻找正确的答案吧！如果你怀疑托勒密的学说，就用你的眼睛去寻找答案吧！你肯定能够做到，我相信你！"

日子过得很快，哥白尼跟着沃伊切赫教授学会了天文观察的方法，看到了很多天文现象。

特别是 1493 年，那一年竟然有两次月食，一次日食，都是千载难逢的好机会啊！沃伊切赫教授又教他怎样利用这种难得的机会解决天文学问题。

老师的谆谆教导如春风化雨，不但激发了哥白尼对天文学的浓厚兴趣，而且使他研究天文学的才能节节拔高。

沃伊切赫教授不但注重观察，而且重视数学。数学与天文学是一对密不可分的兄弟。在哥白尼时代，人们往往把天文学家称为数学家，可见数学对研究天文有着举足轻重的影响。

沃伊切赫善于用数学来解决天文学问题，作为沃伊切赫的得意门生，哥白尼后来也极有成效地采用了老师的方法。

良师的启发再加上自己的勤奋多思，哥白尼成长得极快。他常常在学术会议上发表一些令人瞠目的观点，还常常用一些问题问倒沃伊切赫教授。

# 阅读大量古典作品

古希腊文化主要包括了古希腊战争、古希腊艺术和古希腊神话。

古希腊文化作为古典文化的代表，在西方乃至世界都占有极其重要的地位。

爱琴海文明虽较古埃及文明、古巴比伦文明、古希伯来文明和古印度文明迟后出现，但其影响却更为巨大。

换言之，上述文明已经淘汰于历史长河之中，而古希腊文化精神却未被湮没。其繁荣程度、影响力，以及长久的生命力，只有中华文明方可比拟。

但是在浩瀚的历史长河中，古希腊文明也曾经一度湮灭，一直到文艺复兴时期。在当时，崇拜古人成了文艺复兴时期人文和精神的明显特征。

15 世纪，人们热烈地搜寻新的经典原本，每一项新的发现都会被当成伟大的成就而热情欢呼。

而在这些发现之中，最出名的当属雅各安·安吉洛的发现了。他在乘船前往康斯坦布尔寻找手稿的途中，船舶遇上了大风浪沉没了，但是他勇敢地挽救了自己的生命，也挽救了那份伟大的发现。

那是一本对于当时西方来说还是一无所知的托勒密的《地理学》。这本书一经发现，立即在欧洲产生了强烈的反响。

1417 年，就在托勒密的《地理学》被发现之后不久，又一本惊世的古典文献被发现了——一本被世人认为是卢克莱所著的《物性论》在一个名叫奇拉乔维尔的年轻人手里发现。

这两本著作的发现对于两个世纪以来原子论兴趣的再度复活，是一种巨大的推动。

对新的原著和新的译本的孜孜以求，使得世人开始重新认识了古希腊时代。不过文艺复兴的人文主义者，可不仅仅简单地停留在重新发现和认识古人的作品身上，他们有着更为深邃的思想。

一次，又到了沃伊切赫教授的天文学课。还是和从前一样，沃伊切赫教授在课前事先提出了一个问题让同学们思考。

"同学们，在上课以前，首先问大家一个问题。你们说，这大地是圆的还是方的呢？"

这个问题一提出来，教室里又是乱糟糟一团议论之声。上沃伊切赫教授的课就是这么有意思，总是能开启同学们的智慧。

"大地是方的，就像是长方形的盖。"

"小时候爷爷总说天圆地方，所以大地肯定是方的。"

哥白尼想起了自己上次在图书馆看到的亚里士多德的书，书上说大地是个圆球，并且浮在空中。

哥白尼自信地站起来回答道："大地是圆形的。亚里士多德的书中曾经说到过这个问题。"

这时，另外一个同学站起来反驳，说道："不对！基督教说宇宙是一个长方形的大盒子，盒子的地面是大地，四周各有一个角，边缘上耸立着山峰。

"圆形的天空笼罩着箱子的四壁，大地被分为东南西北四个部分，人类居住在北部，天空的上方是天海，天海的上方是天国，天地连成一片。连基督教都说大地是方形的，难道亚里士多德比上帝还要聪明吗？"

"不对！上帝是宗教，我们学习天文学，应该要相信科学。"哥白尼相信亚里士多德的观点，因此据理反驳。

两个学生争得面红耳赤，而教室里的同学也很快分成了两派，一部分同学支持哥白尼的观点，另一部分同学支持那一个同学的观点，双方围绕着大地究竟是圆是方展开了激烈争辩。

沃伊切赫教授乐呵呵地看着大家争辩，然后才挥手示意大家安静下来。他缓缓地说道："你们双方的说法都有道理。不过关于大地是圆形还是方形的问题，我不做回答。我要告诉你们的是，科学是不能着急的。

"神学家宣传基督教义，他们让你们学习的不是天文学，而是占星术。他们告诉我们，不需要有求知欲望，不要去做任何的研究，只要信奉上帝，一切问题就都解决了。"

说到这里，沃伊切赫教授突然之间严肃了起来，他说道："作为一个新时代的年轻人，你们生活在人文主义复兴运动的潮流之下，要勇于追求真相，不要被宗教禁锢了思想。要多读亚里士多德的作品，比如他的《伦理学》《物理学》和《形而上学》等著作。亚里士多德是一个划时代的伟人，多多学习他的这三本书，对你们大有裨益。至于其他作品，早已经不是它本身的模样了。"

"教授，为什么呢？"学生们不解地问道。

"因为宗教！就像你们之前探讨的这个问题一样，基督教认为大地是方形的，可是亚里士多德的观点恰恰相反，他认为大地是圆形的，这就与基督教产生了冲突。

"正是因为亚里士多德的很多思想都与基督教义格格不入，所以大约在一个世纪以前，罗马教皇下令禁止流传亚里士多德的著作。可是亚里士多德的名声太大了，这样强制性的禁止根本就行不通。

"于是教会就换了另一种更为无耻的做法，他们篡改了亚里士多德的作品，只要亚里士多德的作品中出现与基督教义冲突的地方，他们就全部删去或者替换成基督教义。"

"啊！教会这么做也太缺德了！"学生们还是第一次听到关于教会这么黑暗的事情，他们都震惊了！

"教会对于思想的禁锢由来已久。一千多年前的亚历山大图书馆焚毁事件相信你们都有所耳闻，因为那所图书馆收藏了一些与教会相冲突的书籍，被教廷下令焚毁了。

"现在，整个欧洲都是在教廷手中，就连国王、贵族们都要听命于教会。所以，要想找到真正的答案，就要有勇气冲破教会的思想禁锢。要多读书，多读亚里士多德的作品，多读一些古典作品，从中寻找到你们想要的答案。"

正是因为沃伊切赫教授的劝导，哥白尼开始明白了教会所宣传的思想未必都是正确的。他开始埋头苦读，一直沉寂在品读古典文学的乐趣中。

15 世纪时期，爱好文学已经成为克拉科夫大学的一种优良传统。哥白尼就读时期，语言学成了热门。

大学生可在课堂上了解一些古典作家，而更多的古典作家则是在大学之外从人文主义者那里得知的。大学生宿舍里流传着一些最优秀文学作品的手抄本。

讲授精密科学的教授也对人文主义发生了很大兴趣。无论是沃伊切赫教授，还是其他老师，都常常在课堂上引用作家或诗人的名言，为大学生打开了一扇窗口。

克拉科夫大学在浓厚的人文主义背景下成长。在这样的环境熏陶下，哥白尼也像其他大学生一样，广泛地阅读了大量的古典文学作品。

# 抛出惊世的观点

正是在文学作品中，哥白尼看到了不同于当时公开宣扬而被普遍信奉的、以托勒密学说为基础的天文学观点。

不止一位古典作家以文学形式隐晦地提出，太阳是行星体系的中心，其他所有行星，其中包括地球，都围绕太阳旋转。

亚里士多德在自己的书信中也提到另外一篇论文，这篇论文综合地阐述了有关天体运动的知识。尽管哥白尼对托勒密的著作十分尊重，但还是发现其中存在矛盾，尤其是地球中心说更是漏洞百出。这种理论未能使哥白尼信服。

沃伊切赫教授的启迪，使哥白尼加深了这种疑惑。他阅读的古典作品中提出，对行星的运动还可以有不同于托勒密学说的其他解释。

为了解开萦绕在心头的这个谜，哥白尼更加广泛地阅读古典作品，遇到不明白的地方他也积极地和沃伊切赫导师做讨论。他相信，托勒密的学说不一定就是完全正确的，一定还会有一个更加明确的学说存在。

一天，哥白尼兴冲冲地拿着一张托勒密的星象图来找沃伊切赫，一进门就兴奋地喊道：

"老师，我发现了，我发现了。"

沃伊切赫看到哥白尼这么兴奋，他倒了一杯水给哥白尼，说道：

"坐下来，慢慢说，发现什么了？"

哥白尼顾不得喝水，坐在沃伊切赫教授身边，说道：

"托勒密认为地球是静止不动的，理由主要有四条。第一条是希腊神话。据说巨神阿特拉斯在反抗主神宙斯失败之后，受到惩罚，站在世界西方的尽头上，用肩膀托住了地轴，用脚稳住了地心，用头和双手撑住了天空，所以地球就不动了。"

"嗯！你说的这个依据我知道。喝杯水，继续说。"

沃伊切赫将水杯送到哥白尼面前，让他歇口气继续说。

哥白尼端起水杯，一口气就将它全部喝干了，然后继续说道：

"它的第二条理由是以物理学为根据的。据说阿拉伯穆罕默德的灵柩在墓室里凌空悬着，四不沾边，什么支撑的东西都没有。这就说明地球是静止不动的，否则的话，灵柩就不能够维持原位了。

"第三点其实是从第二点延伸出来的，是说如果地球转动的话，那么不仅灵柩不能保持原位，就连地上的石头也会抛起来，天上飞的鸟儿和云彩就会被抛到运转着的地球的西边去。

"最后一个理由，如果地球是转动的，那么海水就会泛滥成灾，淹没整个地球。"

沃伊切赫教授听完哥白尼的叙说之后，紧接着追问了一句：

"你觉得这些说法能够站得住脚跟吗？"

"依我看，这些说法没有一个站得住脚跟。"

听了哥白尼的话，沃伊切赫教授长长地呼了一口气。

他继续追问道："你的理由是什么？"

"这些说法，表面上看是说得头头是道，好像真像那么一回事，实际上完全牛唇不对马嘴，胡扯一气。"

哥白尼像是发现了某种真理一般，义正词严地说道：

"第一条，他说是巨神托着天空，可是谁都知道上帝都是宗教信仰，巨神原本就是一个虚构的神话人物，又怎么会存在于世间？

"第二条理由，穆罕默德的灵柩悬浮在空中，看似没有任何的作用力，听起来像是那么一回事，但实际上它是因为灵柩用磁石牢牢吸住。不管地球是运动还是静止，对于被磁石吸住的灵柩来说，根本没有任何影响。

"至于第三条，石头落地，鸟儿高飞，看起来像是符合人们的生活习惯和眼见学识，但仔细一研究，根本不是那么一回事。地球如果是在做匀速圆周运动的话，那么地球表面的水和空气也都是随着地球的运动而一起运动。

"打个比方说，一块石头落地，在石头落地的过程中实际上它做了两种运动，一种是自上而下的自由落体运动，另一种是自西向东的水平运动。因为后一种运动是与地球的转动一起完成的，所以人类的肉眼看不到，我们仅仅能看到石头从上而下的运动。也就是说，哪怕地球是运动的，鸟儿、云彩也不会被抛到地球的西边去。

"最后一点和第三点其实是一样的。地球在运动的时候，海水也在跟随着地球一起做运动，又怎么会泛滥成灾，淹没地球呢？"

听完哥白尼的辩证，沃伊切赫欣慰地笑了，自己的这个得意门生还真是让他感到意外，这么隐秘的问题竟然被他一一解答了出来。他笑道：

"哥白尼，你真是一个善于发现真理的孩子。这已经是你的全部发现了吗？"

"不！还有一个，就是天空运动的轨迹。"

哥白尼从怀中把托勒密的星象图拿了出来，星象图上画满了大大小小的圆圈，代表着宇宙中一个个闪烁的星星。

"这不是托勒密的星象图吗？"沃伊切赫惊讶地说道。

托勒密差不多是天文学的老祖宗了。早在一千三百多年前，他把前人观测天象的资料汇集了起来，做了系统的整理，提出了"地心说"的天体系统，还绘制了一张天体运动的星象图。

星象图的中央是一个小小的圆圈，它表示地球。在托勒密看来，地球是整个运行圈内静止不动的中心。

地球的四周有七道逐渐扩大的圆圈，代表着天体运动的轨迹。距离地球最近的是月球，然后是水星和金星，接下来便是金色的太阳，最后是火星、木星和土星。

所有的星体在地图上都只是一个小不点，只有太阳是个例外，被浓墨重彩地扩大了好几倍，还涂上了火红色的标记，以显示太阳的威势。

从星象图上看，地球只是一个小不点，而太阳却是一个大圆盘，可正是地球这个小不点，竟然能够让太阳和其他行星都围绕着它做运动！

哥白尼指着星象图，激动地说道：

"我觉得这张星象图并不正确。像地球这样的小不点，凭什么能够让一连串的行星围绕着它运动，甚至还拉上威风凛凛的太阳？我觉得这不是不可思议，简直就是愚不可及！"

"那么，按照你的说法，应该是什么样子的呢？"

"要是依我的说法，托勒密敢让地球静止不动，我也敢说地球绕着太阳转！"哥白尼斩钉截铁地说道。

房间一下子安静了下来。哥白尼和沃伊切赫两人，谁都没有开口，反倒是窗外的鸟儿叫得更欢快了。

哥白尼敢于说出这句话，需要多么巨大的勇气呀！

在黑暗的中世纪，托勒密的地心说是教会支持的学说，反驳地心说，就是和教会作对！和教会作对，在整个欧洲都没有生存的空间呀！

要知道，在那个政教合一的年代，教会属于统治力量，整个欧洲都属于罗马教皇统治的范围，不管是国王还是贵族，都必须听从于教皇的意志。

和教会作对，可以说毫无生存的可能！可是，即便如此，哥白尼这个 20 岁的年轻人，还是勇敢地站了出来，提出了这个惊世骇俗的观点。

"好！好！好！一千三百多年前的托勒密遇到对手了呀！"

沃伊切赫先是沉默了一下，然后连声叫好，赞扬了哥白尼。

沃伊切赫严肃地说道：

"哥白尼，你是勇敢的孩子，放手去追寻真相吧！用你的勇气，打破禁锢，去解放太阳吧！"

哥白尼原来以为可以和沃伊切赫教授一起寻找天体运动的真相，但是可惜，意外总是不期而至。就在这个时候，沃伊切赫教授却要离开克拉科夫大学。

沃伊切赫教授对于哥白尼的成长也感到很开心，他隐隐地感觉到了未来的天文学将会爆发一场惊天动地的革命，而引爆这种革命的极有可能就是自己这个热衷天文学的学生。

夜晚，繁星闪烁，无边无际的苍穹以它神秘的魅力强烈地吸引着哥白尼，他年轻的心为它跳动，他火热的血为它奔流。

沃伊切赫教授又一次和哥白尼漫步在草坪上，沃伊切赫教授沉默了一会儿，然后说道：

"哥白尼，我今天见到卡利玛和了。他问起了你的学习情况，我都告诉他了。"

听沃伊切赫教授提起卡利玛和，哥白尼的脸上闪过一丝暖色，他说道：

"好久没有见到卡利玛和叔叔了，不知道他最近好不好。"

沃伊切赫教授呵呵笑道：

"你这个小滑头，只怕你看起书来，什么事情都放到一边了。今天找你来，是有一件事情要告诉你，我即将离开克拉科夫大学了。"

哥白尼听到这个惊人的消息，愣住了，呆呆地问道：

"导师，为什么要离开？你在这里不是很好吗？"

沃伊切赫教授抬头看天，叹道：

"是呀！这里真的很好，我也舍不得离开。"

"那就不要走啊！到底是什么原因让您这么突然想要离开呢？"哥白尼疑惑地问道。

"卡利玛和教授告诉我，国王胞弟弗里德里克·雅盖隆奇克红衣主教大人要我离开现在的教学岗位，去立陶宛出任亚历山大的私人顾

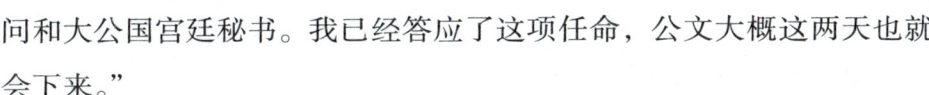

问和大公国宫廷秘书。我已经答应了这项任命，公文大概这两天也就会下来。"

亚历山大是立陶宛大公、波兰国王的兄弟和未来波兰王位继承人。沃伊切赫教授去担任他的私人顾问和大公国宫廷秘书，该是一项多么重大的使命呀！

难怪老师无法拒绝！同时哥白尼也觉得这个职位很适合沃伊切赫教授，在那里，他渊博的知识还能够得到更加淋漓尽致的发挥！

只是，导师走了的话，谁来教导自己呢？新的导师还能够像沃伊切赫教授这样敢于打破教会的思想禁锢吗？如果不能的话，自己又应该怎么办呢？

想到这里，哥白尼的心中没来由地闪过一丝从未有过的慌乱。

其实沃伊切赫心中也放心不下哥白尼，他劝慰道：

"哥白尼，我离开之后，对于天文学的研究工作就都交给你了。不管别人说什么，你都一定要坚持自己的想法，一定要相信自己的眼睛。"

"老师，我知道的。"哥白尼沉重地说道。

送别恩师的那一天，哥白尼的心情像灌了铅似的沉甸甸的。他挽留不住老师，可是，他又多么想挽留他呀！

看着哥白尼沮丧的神情，沃伊切赫教授哈哈一笑，说道：

"又不是去送葬，你哭丧着脸干什么？小伙子，高兴点，看看这是什么？"

哥白尼抬头一看，原来是一本天文学方面的书籍。

"好好干吧！揭开真理的希望就寄托在你身上了！"

沃伊切赫教授重重地拍了拍哥白尼的肩膀，鼓励他勇敢地向天文学的顶峰攀登。

望着手中珍贵的临别赠品，哥白尼的心里更像是倒了五味瓶，酸甜苦辣不是滋味，一股伤感的离情充满心胸。

哥白尼，一个堂堂男子汉，不禁背过脸去，抹去眷恋的泪水，紧紧地握住老师的手不放。他说：

"您不是请了一年的假吗，到时可一定要回来呀！一定要回来呀！"

他说这话时心中似乎有一种不祥的预感。

果不其然，沃伊切赫教授走了一年后，就传来了他逝世的噩耗，让哥白尼悲痛欲绝。痛失良师，让哥白尼不得不独自一人扛起研究天文学真相的重担。

# 改学法律报效国家

沃伊切赫教授离开之后，哥白尼继续在克拉科夫大学求学。但是当时在天文学系初级阶段的学习已经可以结束了，他需要针对自己进行专门的学习，比如主修天文学、数学、医学和法学。

在克拉科夫大学，哥白尼学习了许多深刻的天文学知识，并且同人文主义结下了不解之缘。学习期间，他因为擅长社交，结识了许多朋友。

特别使他感到惋惜的是，尊敬的沃伊切赫老师一年前离开了克拉科夫大学。一些对大学乃至对整个克拉科夫知识界都具有关键影响的人物，也陆续离去了。

使哥白尼终生难忘的卡利玛和不久前溘然长逝，其他许多杰出人物先后漂流国外。

正当这个敏感的时节，舅舅瓦兹罗德突然来到了学校。

"什么？要中途休学？舅舅，为什么呢？"哥白尼和哥哥安杰伊满脸疑惑，大学都还没有毕业，为什么要中途休学呢？

原来，对于两兄弟的前途，舅舅有了更加实际的安排，他希望两个兄弟能够成为忠于他本人的，代表瓦尔米亚教区利益为他服务的，具备高深学识的顾问、法律专家或者医术高明的医生。

为此，瓦兹罗德积极筹划，准备送兄弟俩去意大利留学深造。

意大利，一个令人向往的国度。它不仅以美丽的自然风光和辉煌的文学艺术著称于世，而且是当时"文艺复兴"运动的发源地。

可是正是因为这样，意大利的大学比克拉科夫的大学更加优秀。自然那里大学的学费也就更加昂贵，即便是以瓦兹罗德的财力，要想同时支持两个外甥一起留学，也有很大的压力。

不过对于这一点，精明能干的瓦兹罗德早有准备，他利用自己的影响，为两兄弟在瓦尔米亚主教区谋得神甫的职位，然后，他们可以获得神职人员的固定收入。

可是，孩子们是否同意呢？

一向比较民主的舅舅并不想自作主张完全替孩子们做决定，在进行谋划以前，他先征询了两个外甥的意见。

这一天，瓦兹罗德将两个孩子找来，向两兄弟问道："你们将来要做什么样的人呢？"

"天文学家，数学家或是医生都可以。"哥白尼不假思索地脱口而出。

"如果我把你们举荐当神甫，怎么样？"舅舅询问道。

"这个，我们还真没想过。"两个兄弟面带难色地回答。

瓦兹罗德说："你们若当了神甫就可以获得三年有薪假期去意大利学习各种知识。为了学习，你们是不是可以考虑一下呢？"

"那好！"两兄弟对视了片刻，点头应允。

在两兄弟中，安杰伊首先当上了神甫，但是哥白尼的神职位置则遭到了不少的挫折。

当时，教区内本来有一名神甫去世了，神甫会有了一个空缺。瓦兹罗德为争取这个席位付出了很大的努力，本来以为这个空缺正好由哥白尼补上的，谁知道就在这个月教皇派人占据了这个席位。

无奈之下，瓦兹罗德只能另外寻找机会为哥白尼安排。直至1497年，才为哥白尼空出一个神甫席位。

正是因为担任主教的舅舅的努力才使哥白尼获得神甫职位。但这件事并未损害哥白尼的声望，因为任人唯亲、搞裙带关系已成为当时普遍盛行的现象。

不仅神甫，就是教会的最高机构里也有许多人是靠了亲戚关系才谋得职位的。

主教们曾不止一次把主教和红衣主教的头衔授予自己的私生子。后来，这种现象逐渐在教会中引起不满和愤慨，并成了宗教改革派手中的重要把柄。

担任神职人员，究竟是哥白尼本人的意愿，还是舅舅瓦兹罗德的旨意，一直是很难回答的问题。哥白尼大概没有接受高级教士职称，只是当了一位世俗式的神甫。

担任神职人员为哥白尼这位破产市民的儿子提供了重要的社会晋升、继续学习和发展个人科学爱好的机会。

波兰历史上曾有不少市民子弟借助宗教外衣去享受神职人员的特权，并利用这一特权从事自己的事业。

哥白尼兄弟俩的情况尤其如此，因为当时波兰对科学和艺术的庇护是很有限的，只有为数极少的人才能得到这种庇护。

哥白尼在等待神甫位置的这一段日子中，是十分难熬的。没能够当上神甫，就意味着他失去了固定的收入，也就失去了留学意大利的昂贵学费。

但是哥白尼内心深处又是希望能够早早地出国，学习到更多更先进的天文学知识。

瓦兹罗德的心中也十分焦虑。青春是短暂的，他让两个外甥中途休学回家，就是希望他们能够到意大利深造，可不是这样在家里白白虚度青春。

不过哥白尼有一个团结的家庭，当年，他们父母双亡之后，面临着家庭四个孤儿的艰难成长局面，二姐毅然选择了嫁给富商，缓解了这个家庭的压力。

而现在，为了让更加专注于学习的小弟哥白尼有机会先出国留学，哥哥安杰伊在经过了一段时间的思考之后，对舅舅说道："先让小弟去意大利留学吧。他比我好学，我现在已经有了职位，能够用自己的力量帮助他完成学业。"

"那你自己呢?"瓦兹罗德反问道。

"我可以晚几年再出去。弟弟是我们家学习成绩最好的、最有希望成才的一个。爸爸妈妈都不在,我已经有工作,我有责任帮助弟弟成才。"安杰伊深情地说道。

同样都是二十来岁的青年,只是因为出生在哥白尼前面几年,安杰伊毅然扛起了一个兄长的责任。

其实,他们这个年纪正是求学的最好时机,如果晚几年再留学,精力和学识肯定不如现在。

安杰伊作出这个决定,该是付出了多大的代价呀!

"哥哥!"哥白尼哽咽着说不出话来。

"小弟,去意大利要专心学习,用你最好的学习成绩来报答我。"安杰伊拍拍哥白尼的肩膀说道。

兄弟情深,安杰伊的话让瓦兹罗德十分感动,他仔细地考虑过后,决定同意安杰伊的请求。

于是,他们积极准备,做好让哥白尼留学意大利的各项准备。

但是,就在这个时候,发生了另外一件事情,使得哥白尼不得不改变计划,原本醉心于天文学的他不得不先学宗教法典。

当时,罗马教廷发动"十字军东征"时建立的一个骑士团,即十字骑士团,盘踞在波兰以北。他们经常侵犯波兰边境,烧杀抢掠,还振振有词地为自己的侵略行径辩护。

一个星期天的下午,瓦兹罗德接到了十字骑士团统领的信,让他去教区参加谈判。

"舅舅,十字军要你去参加什么谈判呢?"哥白尼正好看到信件,他疑惑地问道。

"哎!"瓦兹罗德叹了一口气,说道,"上周,十字骑士团有个教士在我的教区内殴打一名教授,被我扣留了。这不,十字军的统领都

把信件送到我家门口来了。"

这本来只是一个小案子，可是十字军统领为了霸占波兰的出海口，企图割断波兰和东北海岸的关系，故意耍威风，小题大做，甚至冠冕堂皇地将信件送到主教家门口。

瓦兹罗德早就看穿了十字军的野心，所以他是坚决不会妥协的。

哥白尼看完信件以后，说道："舅舅，他们将谈判地点设在教区，等于是把你看成了砧板上的鱼肉，千万不能答应。不如我们请他到市区来谈判，让他们坐吃哑巴亏。"

"好，就按照你说的办。"

第二天，十字军就气势汹汹地冲进城里来了，为首的十字军统领骑着高头大马，一路耀武扬威地跑了过来。

十字军统领一到谈判会场就咄咄逼人地问道："瓦兹罗德主教，我的教士究竟犯了什么罪，你竟然将他扣留了起来？我警告你，教皇给了我们骑士团特权，别说他没有犯罪，哪怕他杀人放火，那也只能是我们骑士团内部处理，轮不到你插手！"

"哼！你所谓的那些特权早已经过时了！那名教士竟然在我的教区内殴打平民，那就要接受教会的制裁。"瓦兹罗德正义凛然地说道。

"瓦兹罗德！你好大的胆子，竟然敢不遵从教皇的法旨，信不信我立马杀了你？"十字军统领气得浑身发抖，"砰"的一声就把腰间的长刀拔了出来，劈到谈判桌上，把桌角都砍掉了。

"公道自在人心。你如果不相信，可以自己去问教皇。还想用武力解决问题，我们波兰人民奉陪到底！来人哪！"

伴随着瓦兹罗德坚定的话语，早已经埋伏在四周的军队冲了出来，将十字军包围了起来。

"哼！这次算你狠，我们走！"十字军统领害怕了，他丢下一句狠话，就带着十字军溜走了。

和十字军斗争真的是一件相当累人的事情，不但要在战场上打仗，还要在谈判桌上论理，而且他们动不动就搬出教皇的法旨。

可是实际上，教会的法旨朝令夕改，一天一个说法，根本没个准头，这也就给十字军浑水摸鱼提供了条件。

为了战胜十字军，必须精通法律，因此瓦兹罗德决定让哥白尼去意大利学习法律。

哥白尼把学习教会法当作自己义不容辞的责任。他说："没有任何义务比得上对祖国的义务那么庄严，为了祖国献出生命也在所不辞。"

哥白尼虽然没有经历过托伦独立战争，但是他明白，十字军是波兰的死敌，必须要斗争到底。为了祖国，他决定暂时放弃天文学，先专心学好宗教法典，回来帮助舅舅对抗十字军！

# 远赴意大利留学

1496 年夏天，哥白尼从波兰出发，赴意大利留学。当时还是 15 世纪，没有汽车，也没有火车，更没有飞机，唯一的交通工具就是马车。

从波兰到意大利，如果日夜兼程不停地赶路，至少也需要四十多天才能到达。为了赶在博洛尼亚大学开学之前赶到，哥白尼提前两个月出发了。

哥白尼以前虽然也从托伦城到克拉科夫大学求学，但那毕竟是在国内，而且波兰治安相对稳定，当时出行的时候又都是他们兄弟相随。

而现在的情况可不一样，哥白尼独自一人前往意大利，从波兰到意大利又是山水重重。为了避免旅途的孤寂和危险，舅舅特地安排了一名神甫的秘书同哥白尼一起出行。

哥白尼一行从波兰的瓦尔米亚出发，中途路过德意志。一路上，哥白尼领略了不同国家的不同风情。他们不断地在各个著名城市逗留，欣赏异国风情。

哥白尼的马车躲过了强盗的拦路抢劫，遇到了载着各种货物的商队，沿途要在城镇乡村留宿，经过了千辛万苦，终于越过了阿尔卑斯山脉，来到了意大利的博洛尼亚。

当时的意大利，是整个欧洲的科学、文化中心，一场举世瞩目的"文艺复兴"运动正在这里轰轰烈烈地开展着。

什么是"文艺复兴"运动呢？

在古代的欧洲，最先进和最文明的地区是古希腊和古罗马帝国。

古希腊和古罗马曾创造出大量灿烂辉煌的文化艺术。

不过，基督教的兴起和基督教会在欧洲取得了统治地位后，对古代文明进行了一次血腥的洗劫，凡是不符合基督教义的学说，均被斥之为异端邪说，遭到禁锢。

古希腊及古罗马的文化被扼杀了，基督教的宗教统治在欧洲进行了一千多年。

到了14世纪左右，随着当时意大利城市商品经济的不断发展，新的资本主义关系已开始形成。

新兴的资产阶级迫切要求冲破基督教对人们思想的束缚，他们打着"复兴"古希腊古罗马文化的旗帜，矛头直指教会的神权统治。

文艺复兴运动的主要思想是"人文主义"。人文主义主张尊重自然和人权，主张个性的自由发展，反对教会用神权扼杀人性，提倡科学和文化，反对迷信。

因此，在文艺复兴运动期间，欧洲的文化艺术空前发展，诗歌、戏剧、绘画、雕刻、建筑、音乐和科学技术方面都取得了巨大的成就。

当时意大利涌现了一批最富有才华的人文主义者，他们都是著名学者和艺术家。

哥白尼正是在这种情况下来到了意大利。文艺复兴时期人们的思想空前活跃，这为哥白尼建立自己的天文学理论打下了良好的思想基础。

但是哥白尼来到意大利的时候，正处于15世纪末叶意大利不宁静时期，各城市之间和各大家族之间的纷争导致了许多武装冲突，战争、骚乱和凶杀几乎成了司空见惯的现象。

当时的意大利还没有统一，作为当时欧洲经济最繁荣和军事力量最强大的国家，法国、神圣罗马帝国和西班牙等国家对意大利虎视眈眈，随时窥视着意大利的一举一动。

终于，一场侵略意大利的战争就在这样的背景下爆发了。

1494 年秋天，法国国王查理八世经过精心准备，悍然发动了侵略意大利的战争。法军千里迢迢绕过阿尔卑斯山入侵意大利，于第二年 2 月占领了那不勒斯。

意大利为了抵御侵略，一次次地与入侵者展开了激烈的斗争。在相当长的一段时间内，意大利一直处于战争之中。历史上通常把"意大利战争"看成是"现代欧洲历史"的开端。

但是这场战争对于意大利的城市而言，意义更加深远。当时的佛罗伦萨正处于美第奇家族的统治之下。

意大利当时处于分裂状态，佛罗伦萨与那不勒斯是城邦联盟关系，那不勒斯遭受法军的侵略，佛罗伦萨很自然地站在盟友这一边，对法军宣战。

但是当法军兵临城下，直接包围佛罗伦萨的时候，美第奇家族立即妥协了，与法军割地求和，割让比萨城和海岸的三座要塞城市。

佛罗伦萨人民愤而起义，成立了民主共和国，结束了美第奇家族的统治，意大利历史进入了一个崭新的时期。

哥白尼在意大利接触了一些不受教会权威影响的自由思想，甚至在教皇的宫廷里也碰见过只相信自己的理性、不承认任何权威的无神论者。当时发生的一起轰动事件也传到了哥白尼的耳边。

在离博洛尼亚不太远的佛罗伦萨，神职人员严重腐化堕落，普遍热衷于尘世的荣华富贵。狂热的宗教改革者、修道士吉罗拉莫·萨沃纳罗拉首先在这里开始了改革活动。

萨沃纳罗拉出身于富豪家庭，但他放弃了万贯家财，从家里出走，到一座僻静的修道院修身。

正是这位其貌不扬的瘦小的男人成了佛罗伦萨的主宰者。萨沃纳罗拉善于用自己的说教征服群众。他为各修道院规定了严格的纪律。他诅咒亚历山大六世教皇和意大利最有权势的人。

　　萨沃纳罗拉关心穷人，创建了一个人人平等的独特的民主共和国。他想把教会引向原始基督教提出的简朴的福音境界。

　　萨沃纳罗拉是一位宁折不弯的盲目信仰者，断然拒绝教皇提出的让他担任佛罗伦萨红衣主教的建议，继续宣扬自己的学说，谴责教皇的世俗权利、神职人员的富有和堕落以及不断加剧的对古代的崇拜。支持者根据其旨意焚烧了意大利文艺复兴时期一大批最珍贵的作品。

　　1497 年，酷爱艺术的教皇宣布开除他的教籍，但教皇同时表示，如果他肯出 5000 盾赎金的话，还可以撤回这项决定。

　　然而，萨沃纳罗拉蔑视教皇的决定，甚至讽刺说："我们这个时代，四个开除决定仅值一文钱。为了反对自己的仇人，任何人都可以把它买来为我所用。"

　　教皇怎能容忍萨沃纳罗拉的孤傲。1498 年 5 月，萨沃纳罗拉被指控为宣扬异端邪说，在佛罗伦萨市中心广场上被吊死，尸体随后被焚毁，其惨状目不忍睹。

　　这个事件肯定给哥白尼留下了不可磨灭的印象，使他清楚地认识到了等待宗教信仰和学说大胆改革者的将是怎样一种悲惨的命运。

　　1496 年秋天，经过了将近 50 天的长途跋涉，哥白尼一行终于安全到达博洛尼亚。神甫的秘书为他安排了住处之后，就返回波兰了。

　　在博洛尼亚，哥白尼即将开始一段崭新的生活！

# 热衷希腊古典文学

博洛尼亚大学是欧洲最古老的大学之一，博洛尼亚是意大利北部的一座历史名城。1088 年，博洛尼亚开始建立大学，距当时，已经将近 4 个世纪了。

波兰人到博洛尼亚大学来求学已经有 3 个世纪的历史了，哥白尼的舅舅就是在这所大学获得博士学位的。

在哥白尼生活的年代，许多生活上宽裕的人都会越过阿尔卑斯山脉，千里迢迢来到意大利求学深造，这已经是司空见惯的事情。

当然，并非所有的人都是抱着求学深造的态度来的，其中可能也有一些人单纯地出于好奇心，只是希望见识一下外面的世界，有一点旅游的性质在里面。

然而，不管是什么原因，这些从意大利留学回国的青年们都会将外面世界的新信息传回祖国。

而波兰，也正是因为有了这批人的努力，始终与欧洲大陆保持着最密切的关系。一批又一批的波兰人在时代精神的召唤下来意大利求学。

哥白尼就是在这样一种大环境下沿着先辈和同辈们的足迹踏上意大利的求学之路的。

虽然这个时候的意大利北部战争频繁，动荡不安，但是相邻的城市博洛尼亚却是依旧欣欣向荣。人文主义精神在这块土地上迅速播种发芽，而在这样的环境下，科学也发生了翻天覆地的变化。

中世纪时期的神学在这个时候不再是科学的归宿和知识的核心，此时的科学正在两条主线上交融。

一方面，一部分学者认为应该重新研究古希腊书籍，从中发现一些新的知识体系。

另一方面，更多的有识之士认为应该摒弃中世纪的许多观点，要用自己的眼睛观察世界，要用自己的大脑思考。这种以经验的方法从事科学的研究，为科学思想的发展奠定了基础。

与克拉科夫大学相比，博洛尼亚大学显得更自由。

在克拉科夫，为了便于控制学生，当局要求学生全部住在宿舍里。可博洛尼亚大学的学生可以自由地选择自己的住处。

在博洛尼亚大学期间，哥白尼蓄起了胡子，穿着世俗的衣服。他也有特制的校服，那是一种深色的长袍，还有帽子。哥白尼不喜欢这样的服装，只有在参加隆重的宗教仪式时，他才穿上这套制服。

哥白尼在博洛尼亚学习的专业是法律、数学、天文学和希腊语。对这些学科，哥白尼都有着浓厚的兴趣。除了希腊语，其他的学科哥白尼在以前都接触过。

因为哥白尼从来没有学习过希腊语，所以他需要从头开始学习。

在众多的学生中，哥白尼显得很平常，谁也没想到他正在一点一点地向着一个伟大的目标攀登。他勤奋地学习着，除了他一往情深的天文学，还有教会法和以罗马法为基础的世俗法律。

哥白尼非常努力认真地学习最时髦的希腊语。而他能够学习好希腊语，很大程度上都要感谢于他一个绰号叫作"乞丐"的同学。

"'乞丐'，让我拜你为师，跟你学习希腊语吧！"

这位绰号"乞丐"的同学学名叫安东尼·乌尔塞乌斯。"乞丐"这个绰号的由来已经不可考证了，也许是因为他像许多文人一样不修边幅，头发乱蓬蓬的像个鸡窝，衣服很脏，甚至有洞也不在乎。

当时的大学中有许多平民和农民子弟，他们生活很贫困，为了把书念完，不得不四处打工，或者干脆向有钱人讨钱。

当时人们很崇拜知识和文化，有钱人有时会乐于充当一位大学生

的赞助人。

哥白尼虽然有教会提供的助学金，但仍然和普通大学生一样长期经受着缺钱的痛苦。"乞丐"安东尼·乌尔塞乌斯，也是这样。

虽然生活是贫困的，但在精神上乌尔塞乌斯是富有的。他热爱古典文学，阅读了许多古典作品，其中很多作品没有译成拉丁文，是用希腊语写的。

乌尔塞乌斯对古典作品的推崇点燃了哥白尼对古典文学的热情。为了阅读这些作品，哥白尼开始学习希腊语，边学边进行阅读。

希腊语为哥白尼打开了一个新的窗口，透过这个窗口他又了解了许多新的东西，其中使他最着迷的是欧几里得和阿基米德的著作。

哥白尼对这些希腊学者的文章十分着迷，他把古代雅典人的语言出色地翻译成拉丁文，并于1509年在克拉科夫出版。

在博洛尼亚学习期间，哥白尼学到的法律知识，对他后来作为瓦尔米亚行政官员从事公务活动和国务活动都很有帮助。

在文艺复兴时期，用批判的眼光看待古典文学，对其加以辩证和分析，是那个时代最大的特点。

哥白尼正是在这样的一种环境下积极地学习，并且用自己的眼光观察世界，从而为他日后的辉煌成就打下了一个坚实的基础。

# 观测行星毕宿五

在博洛尼亚大学里学风是十分开放的，大家可以尽情地观察世界，探讨自己的研究成果。

在博洛尼亚大学，哥白尼有过一次重大的天文学观察，并且取得了辉煌的研究成果。

在博洛尼亚有一个著名的天文学家马里亚·诺瓦拉。他是哥白尼的舅舅瓦兹罗德的好朋友，卡利玛和的学生，还是5次授勋的大学者。

诺瓦拉是一个重视实践的学者，他曾经亲自测量过南欧一些重要城市的纬度，发现这些纬度的数值与托勒密的理论有着很大的差距，从而怀疑起托勒密的学说。

在哥白尼出发前，瓦兹罗德曾经给哥白尼写了一封推荐信，让他到达博洛尼亚之后给诺瓦拉。瓦兹罗德把哥白尼照顾得无微不至，甚至远在博洛尼亚，都安排熟人来照顾哥白尼。

可是到达博洛尼亚大学之后，哥白尼才知道这个诺瓦拉教授是多么的繁忙。他的社交活动极多，很少有时间在学校，哥白尼几次想要在学校中找他都没能见到。

几经周折，哥白尼终于打听到了诺瓦拉教授的住址。一个星月满天的晚上，哥白尼怀着忐忑的心情来到了诺瓦拉教授的家中，轻轻地敲了敲门。

"你好，你是……"诺瓦拉教授看见一个年轻的后生前来拜访，疑惑地问道。

哥白尼恭恭敬敬地将怀中的推荐信拿出来，递给诺瓦拉教授，说

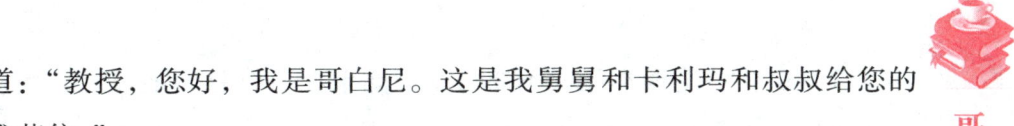
道："教授，您好，我是哥白尼。这是我舅舅和卡利玛和叔叔给您的推荐信。"

诺瓦拉接过信件，但是并没有看，而是热情地拉着哥白尼的手，说道："你就是哥白尼？我早就听老师说起过你了。快随我进来。"

诺瓦拉为哥白尼泡上了一杯浓郁的咖啡，说道："怎么不早点来找我呢？现在开学都快半个月了吧。"

"您太忙了，我几次去您的办公室找您，都没能遇上。"

诺瓦拉一拍脑袋，笑道："你看，这还真是我的不对。我虽然也很忙，但是晚上都是在家里的。怎么样，在博洛尼亚过得还习惯吗？"

"嗯，还好吧。这段时间来一直在学习希腊语。"

哥白尼对诺瓦拉说明了一下这段时间的学习成果，诺瓦拉十分欣慰。对于哥白尼这位天才的青年，他十分喜欢。

诺瓦拉笑道："听我的导师说，你对天文学十分感兴趣，是吗？"

"是的，老师。我也正是为了这件事来找您的。"

哥白尼说明了自己的来意，以及这一段时间以来他在天文学观察上所遇到的问题。

诺瓦拉教授真心地赞叹道："真是名师出高徒啊！行了，以后你就在我这里住下，我们一起研究天文学吧。"

诺瓦拉听了哥白尼探索宇宙结构新体系的想法，非常欣赏，就热情地邀请他到自己家里住。

哥白尼欣喜若狂。能与一位杰出的学者朝夕相处，常常同他进行讨论，这正是哥白尼十分向往的啊。

诺瓦拉研究的主要是月球理论。月亮高高挂在天空，时而像圆盘，时而又像一把镰刀，为什么月亮会有这种变化呢？

托勒密对于这个现象作了一个很复杂的解释。根据地球是宇宙中心的理论，他运用了一套很复杂的公式，给月球套上了一条古怪的规律，说是上下弦月的月亮离地球的距离，比满月短一半。

可是这个理论根本就说不通，因为如果上下弦月离地球近，满月离地球远的话，那么，上下弦月就应该比满月还要显得大才对！

于是，后来有人维护地心说，又提出了另外一个解释，那就是月亮时而膨胀，时而收缩，满月是膨胀的结果，新月是收缩的结果。

这个结论自然也是荒谬的，可在当时却为人们普遍接受。

"哈哈，你从托勒密的说法推论出多么荒谬的结论。了不起啊，年轻人！"诺瓦拉推着哥白尼挺拔的身体，哈哈大笑了起来。他的眼眸里闪动着兴奋的光芒。

"我们能不能找出证据来，证明托勒密的月球理论是不正确的呢？"哥白尼发出了动议。

"德国的天文学家约翰·马勒曾在他的《天文集评述》一书中提出托勒密的月球理论是不可靠的，但他说得不够详尽。"

"我在克拉科夫大学的老师沃伊切赫教授也认为托勒密关于月亮运行轨道的描写是不对的。但是他同样没有用真凭实据去驳倒托勒密。"

"那么，我们一起来做吧，哥白尼！"

诺瓦拉抓住哥白尼的手激动地握了握。

1497年3月9日，机会来了。哥白尼和诺瓦拉经过反复运算，预测这天晚上月亮将要和金牛星座的一颗很亮的星毕宿五会合。

按照理论，今天晚上的月亮会用它残缺的阴影部分，将毕宿五遮盖起来。如果这件事情真的发生，那么就可以证明月亮的大小并没有改变。

这可是观察月亮的好机会。他们准备好各种天文仪器，等待着这个激动人心的时刻。

"要是遇上一个阴天，那就坏了。"哥白尼瘦削的面庞上流露出担心的神色。

"我从历年的气象记录和近几天的观察看，这一天大概是晴天。"

诺瓦拉的眼睛里闪动着乐观的神采说道。

这一天终于等来了。

吃过晚饭，诺瓦拉就兴致勃勃地约了哥白尼一起来到圣约翰教堂的塔楼上。这里居高临下，眼界开阔，是观测天上地下的好地方。

夜幕渐渐地降临了，满天星斗也展现在蓝灿灿的天幕上，有的闪烁眨眼，有的微笑晃动，花草树木淡淡的芳香从四周飘来，似乎在向关心它们的两位崇高的学者致意。

"那稍带红晕的星就是'毕宿五'，上弦月在它的左边。你看，月亮在向着它慢慢地靠拢，是不是?"

诺瓦拉从天文观测仪前让开，哥白尼急不可耐地蹲下来，仰着头，眯着眼，注视着无垠的太空。他熟练地找到了"毕宿五"星，他感到自己的心在怦怦跳动，连移动仪器的手也在略微地抖动。他镇定了一下自己，舒出口气来。

哥白尼和诺瓦拉俯瞰着脚下的博洛尼亚城，大地沉睡了，只有几栋建筑物上透出稀稀拉拉的灯光。

人们都已经进入了梦乡，只有他们两个，一点儿睡意也没有，正怀着热切的希望，观望着夜晚那似乎比大地辉煌的长空，等待那星月相渡的美妙的一瞬。

时间飞快地过去，哥白尼紧张地观看着月亮与毕宿五的接近。突然，奇迹发生了，当月亮与毕宿五并未碰到，它们之间还有一条缝隙时，毕宿五突然从太空中消失了。

哥白尼使劲地揉揉自己的眼睛，再一次仔细地观察，但是在天空中再也找不到那颗明亮的星星了。

毕宿五真的消失了!

毕宿五消失的地方，不是半边月亮的后面，而是在它另一边的后面。

什么东西遮住了毕宿五，结论是很清楚的，遮住毕宿五的只能是月亮。

月亮虽然有阴晴圆缺，但它的大小还是一样的。新月时，月亮的体积并未变小，只不过有一部分人们在地球的某处无法看到。

观测结束了，但是哥白尼和诺瓦拉教授的工作却才刚刚开始。他们连夜计算，将观测到的数据进行演算，精确地测定了毕宿五隐没的时间，用计算证实了他们的推测。

天空露出了鱼肚白，一缕曙光从地平线上升起，晨曦像往日一样透过教堂的彩色玻璃照射到他们一沓沓的计算草稿上，他们终于算完了最后的一个数字。

月球距离地球的远近，在亏缺或者满月的时候都是一样的，月亮的大小并没有发生实质性的变化。

也就是说，托勒密的学说是错误的！

"孩子，我们成功了！我们成功了！"

诺瓦拉教授的脸上满是皱纹，连夜的推算让这位上了年纪的老人看上去十分疲倦，但是在精神上他却是十分的兴奋。

诺瓦拉与哥白尼紧紧地拥抱在了一起，为见证这个历史性的时刻而欢呼。虽然这个时候没有第三个人知道他们的惊人发现，但是这已经足够证明托勒密的学说是不正确的。

这次对毕宿五的观察，是哥白尼一生中最早的天文实测记录，后来他把这次观察写进了他的著作《天体运行论》。

这是一千三百多年

以来托勒密的教条遇到的第一次真正的挑战，也是年轻的哥白尼第一次打败了统治欧洲 13 个世纪之久的托勒密。

哥白尼从托勒密的月球理论的错误打开了"缺口"，他今后将要做的是进一步推翻托勒密的整个"地球中心说"的宇宙体系了。

通过这一次观察，哥白尼同诺瓦拉的关系由师生很快变成了朋友和助手，他们多次谈论过太阳中心的问题。

1497 年，哥哥安杰伊也来到了博洛尼亚大学留学，兄弟俩在博洛尼亚度过了 3 年，时间一晃，就到了第四个年头。

而这个时候，舅舅似乎对兄弟俩的前途又有了新的安排。他给哥白尼兄弟送去了一笔相当可观的钱款。

然而，当哥白尼兄弟得知这笔钱不是他们继续学习的费用，而是他们返回弗龙堡神甫会的路费时，他们的惊讶和失望可想而知。他们忐忑不安地踏上了返回祖国的旅途。

# 前往帕多瓦学医

1501 年 7 月，弗龙堡神甫会突然间召回了哥白尼兄弟俩，很有可能是教会为了检查他们两兄弟的学习情况。28 日，兄弟俩抵达波兰，回到了久违的舅舅家中。

平日里神色严峻的主教舅舅，见到两个令他疼爱的外甥从远方归来，也不禁绽开了笑脸，张开宽宏的臂膀拥抱他们。他们似乎又回到了童年。

"孩子们，欢迎回家！"

"舅舅，我们好想念您。"

分别 4 年，两个外甥看到舅舅额头眼尾的皱纹深了，心头不由得有些酸楚。

哥白尼兄弟回到了家里，先是去拜祭了一下父母，然后在家里休整了几天。

几天后，在客厅里，舅舅和哥白尼进行了一次严肃的谈话。

"哥白尼，你怎么回事，你去意大利几年了，怎么连宗教法典的博士学位都没有得到？"舅舅的语气中明显带有责怪的意味。

要知道，对哥白尼，舅舅是格外看重的。但是这个聪明的孩子在意大利留学 4 年竟然连个法律的博士学位都没有拿到，这让一心培养他的瓦兹罗德十分生气。

"这……"哥白尼有些局促，不知如何回答。

舅舅依然郑重其事地教诲道："哥白尼，我很了解你，你的兴趣在天文学方面，多用一些工夫钻研它是可以的。但是，你知道，是教会给了你假期和津贴，希望你研究宗教法典。你是要为国家去学习法律的，你这样的成绩，如何对得起教会对你的栽培？"

"舅舅，我知道。可是，人类也需要进步，需要科学。我是为报效祖国和造福人类而学习的。如果教会方面因此对我不满，我也不会后悔。"哥白尼抬起头来，看着舅舅，同样严肃地一板一眼地回答。

"那么，你决定在什么时候接任教职？"

"假如您允许的话，我希望再给我几年时间。"哥白尼婉转的话语中，流露出执拗的决心。

"唉，你这个倔强的孩子，同我年轻时的脾气几乎一模一样。来，现在我虽然是主教，可多少年来我常常感到自己对祖国和人类的贡献太微不足道了。也许你将来比我做得好一些。人各有志，不能强勉。就按你的意愿行事吧！"

舅舅摇了摇外甥坚实的肩膀，无奈中又透出几分赞许。

"我将一辈子感谢您，亲爱的舅舅！"哥白尼像小时候那样动情地扑到舅舅的怀里，眼里闪动着泪花说道。

经神甫会研究，认为安杰伊适于继续学习，于是为他延长了用于学习的休假时间。

而哥白尼，似乎又一次得到了舅舅的帮忙，也得到神甫会许可，再去学习两年医学。但有一个条件，那就是学完后要担任主教和弗龙堡神甫会神甫的专职医生。

"行！为舅舅和教会服务，是我天经地义的职责。"哥白尼点头应允。

安杰伊更是喜出望外。

哥白尼在国内短暂逗留以后，又踏上了他熟悉的通向意大利的道路。他必须赶在大学开学之前到达意大利。

要学医，本来在国内到克拉科夫去也行，但哥白尼十分热爱充满阳光的意大利和意大利的文化，他喜欢从人文主义的发源地获取知识。

哥白尼选择了当时欧洲最有名的帕多瓦大学就读，许多著名医学专家在这所大学任教。

法国蒙彼埃大学从 13 世纪在欧洲也享有类似的声望，但当时学医学的学生大多还是向往人文主义的故乡，到意大利去。

哥白尼兄弟俩相互做伴几年之后，此次到意大利开始分手，哥白尼前往帕多瓦，而安杰伊则直奔罗马。

帕多瓦大学创建于 13 世纪，比博洛尼亚大学稍晚一些。

帕多瓦属意大利的威尼斯共和国，当时的威尼斯共和国经济繁荣、政治稳定，连生意人也有献身艺术的可能。

帕多瓦大学相对自由的学术空气与其所在的威尼斯的环境有关。有人曾这样描述当时的威尼斯：

> 16 世纪的意大利，威尼斯走上了与意大利其他地方完全不同的道路，它作为一个共和国生存了下来。
>
> 无论从哪一方面看，它都与众不同。
>
> 当各地淹没在纤巧浮华的巴洛克式建筑中的时候，威尼斯的建筑显得庄严大方，优美而朴实。
>
> 威尼斯的画家追求具有一体的肉体美和生命的活力，这使他们长久地把文艺复兴时期罗马抽象的高雅风格拒之门外。
>
> 在整个 15 世纪，威尼斯如同那些到 17 世纪才被统一起来的省份一样，是各种各样流亡者的避难所。

从这里，我们可以明显地看到 15 世纪初，佛罗伦萨所遗留下来的文化同政治上的自由相互融合在一起的痕迹。

意大利在中世纪处于分裂状态，外国入侵威尼斯，威尼斯也同佛罗伦萨一样，奋起反抗，保卫意大利的自由，这也是威尼斯同佛罗伦萨的一个相似之处。

与当时的许多世界著名大学一样，帕多瓦大学也十分重视对亚里士多德著作的解读。

而从当时的情形来看，进入欧洲国家的不止是一个亚里士多德，相反，至少有两个亚里士多德，或者更多的亚里士多德。

而这当中，有一个是原始的亚里士多德，而一个则是被修饰后的亚里士多德。

曾经有人说过，1000 个人的心中，就有 1000 个哈姆雷特。同样的，每个人，或者说是每个评注者的心中都有一个自己的亚里士多德。

在大量的分析亚里士多德的作品中，显示出了两种文化倾向，一种致力于把亚里士多德同《圣经》互相统一起来。另一种发现并承认了两者之间存在的某些矛盾，他们准备同时遵奉亚里士多德学说和《圣经》。

大概正是如此细致的解读、大胆的质疑，才有了后来哥白尼对亚里士多德物理学的颠覆以及"日心学"。

帕多瓦大学的医学和法学在当时的欧洲是最有名的，但奇怪的是，它虽然以医学闻名于世，却没有单独的医学系。

因为医学关系到人的生命和健康，所以在人文学系中设立了这个专业。

人文学系的系主任庞波尼乌斯是一个思想很解放的人文主义者。他写了一本很有名的书，书名为《论灵魂的不朽性》。

在书中庞波尼乌斯大胆地提出，应该允许学者研究宗教教义，他们应该有这个权利。

当时在思想上，教会占据着至高无上的地位，教会采取的是顺之者昌、逆之者亡的专制政策。

1496 年，早在博洛尼亚大学学习期间，哥白尼就听人详细说过

教会把萨沃纳罗拉吊死又把他的尸体焚毁的情景，因为教会说他宣传异端邪说。

可是思想解放是大势所趋，是一种不可逆转的时代潮流，任凭教会怎么阻止也是无法阻挡这股新兴势力引发的历史潮流的。

庞波尼乌斯便是一个大胆的学者，他否定宗教教义的权威性，在他看来宗教教义和其他事物一样也是可以怀疑、判断甚至否定的。

由于系主任的提倡，整个人文学系弥漫着一种自由、大胆、富有探索性的学术气氛。置身于这种环境之中，哥白尼得以更大胆地创立和发展自己的学术理论。

# 开出的可笑药方

帕多瓦大学，只是在人文学系中有一个医学专业，因此，哥白尼必须在人文学系注册登记。

天文学和医学在当时人们的眼中是姐妹学科，一则因为那时的学问划分没有现在这么细致；再则中世纪有一种神秘的论调，将人体的器官和宇宙的天体对照来看待。

和中国古代一样，他们也有"人身是一小天地"的说法。从当时流传下来的书中还可以看见人体各器官与黄道十二宫对照的图画。例如，以雄羊宫配头、以双鱼宫配足之类。

哥白尼把学习天文学同医学结合了起来。他不光学诊断内科病，还学习解剖，做外科手术。

本来教会法规规定，神职人员都不搞外科，但哥白尼是低级神职人员，所以，教会法规对他的要求比较宽松。

在中世纪经院哲学和宗教神学非常霸道，人们把生病看作是上帝的惩罚。一旦生了病，不去找医生，而是向神祈祷，请求神的宽恕。

中世纪的医学包含有许多神秘的魔法和巫术，而它依靠的首先是宗教的威望。同人文科学相比，当时的医学是落后的，这在很大程度上是轻视尘世生活造成的。

古代医师盖伦和希波克拉底是医学界所尊崇的最高权威。许多世纪以来，以教会权威为支柱的医学教学一直是以盖伦和希波克拉底的著作为基础的。

因此，在中世纪的大学里常常可以看到这样的一幕：教师拿着盖伦的著作朗读，而助手则进行着示范。

对于中世纪的医学教师们而言，重要的不是人体本身情形如何，而是它要符合并支持盖伦的医学。

尽管如此，一些非正式的科学研究工作像一股暗流一样，一直在悄悄涌动。这种与实践相结合的科学研究，丰富了人们的医学知识，纠正了许多错误的观点。

帕多瓦大学每年进行一次人体解剖示范，借以讲解盖伦的理论。解剖课在专门的解剖楼进行。

解剖楼由几名贫穷的学生管理，他们通过这种办法挣钱维持自己的生活和学习。

医学专业的学生都要出钱，用作维护这座解剖楼的费用。

大学校长有义务在每年的 2 月份以前，按时向解剖楼提供男尸和女尸。

荷兰著名大画家伦勃朗的画出色地展示了学生上解剖课的情景。大学生在入学以后的第三学期，也就是获得足够的理论知识以后，才能上解剖课。

尸体解剖由专门的外科医生进行，一名普通教授在旁边朗读解剖教科书上的课文，而另一名高级教授负责讲解课文。

该时期雕塑和绘画艺术的飞跃发展也明显提高了人们对医学的兴趣。对人体的兴趣促使人们着手研究人体构造。

搞尸体解剖的除医生外，还有画家。譬如莱奥纳尔多·达·芬奇就画了人体各个部分的解剖图形和许多动物的解剖图形。

看着人体的血管、肌肉、器官，哥白尼看到了人体构造的实物，也引起了他对医学的浓厚兴趣，但是比起天文学的兴趣，那可就差之万里了。

哥白尼从 1501 年进入帕多瓦大学就读。在这里，他广泛地阅读几个世纪以前的和当代的医学著作，并且把书本上学到的知识同自己在医院的观察进行了认真的比较。

按照当时学校的规定，医学生必须在医院里实习一段时间，实践课考试才能及格。

哥白尼学医学同他研究天文学采取的是同一方法，即把书本知识与他从实际观察中得来的知识加以对照。这样，哥白尼不但能够把书本知识学得非常扎实，而且还可以使自己不为错误观点所束缚，在学习的过程中可以批判旧观点。

从保存下来的哥白尼用过的课本来看，读书时代的哥白尼是一个颇为认真的好学生。

哥白尼在天文学上有创建性的见地，在医学上却没有超过时代的局限，尽管有些人说他在医学领域也有很大的成就。

在保存下来的哥白尼的课本中，还留有哥白尼写下的不少批注，记录了他当时的一些意见和看法，其中不乏笑料。

例如那上面记录着这样一些处方："用果树树脂在啤酒中烧开三次，然后在吃饭时喝下，有助于治疗痛风。"

哥白尼开始也不会筛选药方，只是一味地接受，通过实践才对一些药方进行比较鉴别，进而得出了自己的结论。

哥白尼在医学书的白边上记下的话，不光有各种有趣的医学知识和其他各方面情况，也有他本人的批评和看法。

哥白尼曾这样写道："这要么是假的，要么是从未有过的事，所以不能相信它是对的。"

# 研读古典天文著作

在哥白尼生活的时代，医学与占星术、天文学的关系都很密切，很多药物的使用是要按天空中行星的位置来确定的。因此在帕多瓦大学哥白尼虽然学的是医学，但他从未放弃过天文学。

帕多瓦大学有一位著名的天文学教授，叫弗拉卡斯多罗。他不仅精通哲学，还精通医学和天文学。

哥白尼对他仰慕已久，便决定去拜访他。

有了前面几次拜访教授的经验，这一次哥白尼准备比较充分。他是自告奋勇上门拜访的。

哥白尼先是简单地说明了自己的来意，以及他在天文学上的研究成果和研究方向。

像哥白尼这样优秀的学生又有哪一位教授不喜欢呢？

"哥白尼，你可真是一位勇敢的学生，敢于向传统神学发起挑战。这样的精神实在让人钦佩。我虽然不敢如此，但是也愿意尽自己全部的力量来帮助你。"

弗拉卡斯多罗对哥白尼这个富有见解的学生很欣赏。

他深知要否定天文学界的权威托勒密，换地心说为日心说并非易事，况且在托勒密背后还有教会这个庞然大物的支持。

弗拉卡斯多罗建议哥白尼重读一下古希腊罗马的哲学著作，以便让自己的结论更可靠一些。

实际上，在这之前，哥白尼已经读了很多类似的著作。与此同时，弗拉卡斯多罗还鼓励哥白尼加强对天象的观测，随时去发现更多的宇宙的奥秘。

据说哥白尼当时还拜访了达·芬奇。

达·芬奇是文艺复兴时期意大利著名的画家、数学家、力学家和工程师。

文艺复兴时期很多知名的学者都像达·芬奇那样一专多能，博学多才。

达·芬奇是个平易近人、非常随和的学者，他毫无架子地接待了哥白尼。哥白尼当时还只是一个默默无闻的大学生。

"能够认识您我感到十分荣幸！"哥白尼欣慰地说道。

"我也一样。我听说过你的名字，你的观点很有意思，我非常赞成。"

达·芬奇很赞同哥白尼的天文学观点，他对眼前的这个年轻人寄予厚望，希望他将来能够有所成就。

他开导哥白尼说：

"搞科学研究，不仅要重视实践，而且要重视理论。醉心于实践而看轻理论的人就好像一个没有舵和罗盘的领航人，永远不知道航行的方向。"

达·芬奇的意见和弗拉卡斯多罗不谋而合。两位前辈的话使哥白尼大受启发。于是他便埋头钻研起古希腊和古罗马的哲学著作来。

学习古典文学大师的著作，已成为当时一种普遍的时髦，哥白尼也卷入了这股潮流。

通过阅读古典书籍，哥白尼的拉丁语知识更加丰富了，这就极大地提高了他的拉丁语水平。

学习拉丁语，在当时被看作是一种美的追求，也是时代的要求。

随着人们对古典文学和艺术的追求，人们对希腊文学的兴趣也空前高涨起来。

在当时那个年代、当时那个国度，学会希腊语能给人增添许多光彩，并得到周围人的敬重。

当时认为，最理想的是掌握三种古典语言：拉丁语、希腊语和希伯来语。最后这种语言，哥白尼大概是不会学的。

哥白尼花费许多时间刻苦学习古希腊语，学习古希腊文学和古希腊科学。

哥白尼的苦功并没有白费，他通读了许多希腊语古典著作。

书读得越多对他的启发越大，哥白尼的心里也越发亮堂起来。他是那么渴望能够从书中看到一些关于天文学的新观点。

那么，在人类的文明发展史上，对于宇宙的认识，经历了一个什么样的过程呢？

关于宇宙这一概念，最早是源自于中国。宇宙一词，最早出自《庄子》这本书。在《庄子》一书中，明确地阐述了当时人们眼里的宇宙的状态。

"宇"指的是一切的空间，包括东、南、西、北等一切地点，它是无边无际的。

"宙"指的是一切的时间，包括过去、现在、将来、白天、黑夜等，它是无始无终的。

所以，宇宙这个词就具有"所有的时间和空间"的意思。能够把宇宙的概念与时间和空间联系在一起，充分体现了我国古代劳动人民的伟大智慧。

在远古时代，人们对宇宙结构的认识处于十分幼稚的状态，他们通常按照自己的生活环境对宇宙的结构作了幼稚的推测。

在远古社会，人们观察天上的星星，认为它数量繁多，数也数不清楚，所以干脆认定天上的星星和人的头发差不多。

事实上，人类肉眼所能看到的星星只有六千多颗，而更多的星星人类的肉眼无法看见，只能借助天文仪器观测。

古人经过长期的观察，发现天上的星星可以分为几类，其中那些位置看上去从来不会变化的星星，他们起名为"恒星"。

而那些经常变动位置的星星，古人称之为"行星"。比如我们今天最常见的金星、木星、水星、火星和土星等，都是行星。

在中国西周时期，生活在华夏大地上的人们提出了早期的盖天说。

盖天说认为，天穹像一口锅，倒扣在平坦的大地上。后来又发展为后期盖天说，认为大地的形状也是拱形的。

公元前7世纪，巴比伦人认为，天和地都是拱形的，大地被海洋所环绕，而其中央则是高山。

古埃及人把宇宙想象成以天为盒盖、大地为盒底的大盒子，大地的中央则是尼罗河。

古印度人想象圆盘形的大地负在几只大象上，而象则站在巨大的龟背上。

公元前7世纪末，古希腊的泰勒斯认为，大地是浮在水面上的巨大圆盘，上面笼罩着拱形的天穹。

最早认识到大地是球形的，是古希腊人。

公元前6世纪，毕达哥拉斯从美学观念出发，认为一切立体图形中最美的是球形，主张天体和我们所居住的大地都是球形的。这一观念为后来许多古希腊学者所继承。

直到1519年至1522年，葡萄牙的麦哲伦率领探险队完成了第一次环球航行后，地球是球形的观念才最终得到了证实。

公元2世纪，托勒密提出了一个完整的地心说。地心说曾在欧洲流传了一千多年。这一学说认为地球在宇宙的中央安然不动，月亮、太阳和诸行星以及最外层的恒星都在以不同速度绕着地球旋转。

为了说明行星运动的不均匀性，托勒密还认为行星在本轮上绕其中心转动，而本轮中心则沿均轮绕地球转动。

想想古人在那么落后的生产条件下，却能够跨越时代地提出那么多对于宇宙观点的认识，真是了不起！虽然其中的有些观点在今天看来是错误的，但是在当时，都起到了进步的作用。

哥白尼在自己的笔记本上记下了他当时的感受：

> 我愈是在自己的工作中寻求帮助，就愈是把时间花在那些创立这门学科的人身上。我愿意把我的发现和他们的发现结成一个整体。

哥白尼不辞辛劳地阅读了大量古典作品，发现在古代，就曾经有人提出过"日心地动说"。

菲洛拉奥斯是古希腊毕达哥拉斯学派的重要成员，在欧洲是他首先提出了地动说的观点。

阿利斯塔克则是地动日心说的最早提出者，他在秘而不宣的笔记中曾经这样说道：

> 天空、太阳、月亮、星星以及天上所有的东西都站着不动，除了地球以外，宇宙间没有什么东西在动。地球以巨大的速度绕轴旋转，这就引起一种感觉，仿佛地球静止不动，而天空却在转动。

阿利斯塔克认为，太阳是宇宙的中心，地球和其他行星都围绕着太阳在运动，地球每天绕地轴转动一圈，每年沿着太阳转动一圈，从而产生周年变化和周日变化。

"大部分学者都认为地球静止不动，但是菲洛拉奥斯和毕达哥拉斯却叫它围绕一堆火旋转。"

"在行星的中心站着巨大而威严的太阳，它不但是时间的主宰，不但是地球的主宰，而且是群星和天空的主宰。"

在哥白尼之前以及同时代，曾有许多学者试图推翻托勒密的学说，但并未有谁获得成功。

中世纪阿拉伯学者和犹太学者也对托勒密的理论产生过怀疑。

15 世纪，哥白尼写道："我们已经清楚，我们的地球也在动，虽然这是感觉不到的，只有同恒星作比较才能发现。"

在另外一个地方哥白尼又写道："地球围绕自己的轴心，由东向西，24 小时旋转一周。此外，它还围绕一个和前一个轴心相垂直的轴线旋转。同样，星空和太阳也很驯服，各自做着两种运动。"

15 世纪，作为哥白尼直接先驱的最杰出的天文学家沃伊切赫和诺瓦拉等人，这批天文学中坚力量，"找到了计算时间的准确方法，从而把天空变成了一只完美的表，以天体运动为基础，通过自己的观测来确定时间。在人类设计出带秒针的机械表以前，他们的'天文钟'是最精确的"。这两人都是哥白尼的天文学导师，同时他们也都是当代天文学领域的创新者。

这些古代学者和当代学者的真知灼见，少数派的微弱声音在中世纪的漫漫长夜中已经被埋没了很久，几乎就要消失了。

哥白尼却在重温古典文学的过程中把它们重新挖掘了出来，并把它们变成了自己前进的灯塔。

哥白尼在后来的《天体运行论》的序言中，曾追溯了这些前辈所带给他的启示：

长期以来，我深思数学传统中关于天体运行的这种不可靠性，这终于使我气恼。

哲学家们对于仁慈且有条理的造物主为我们创造的宇宙机制的理论，竟莫衷一是，而对探讨与天体轨道有关的一些琐细问题却小心翼翼。

于是，我耐心重读我能到手的一切哲学著作，以查明是否曾有人对天体运动持与数学家一派不同的见解。

首先，我发现西塞罗著作提到海希特斯曾认识到地球是动的。后来又见普鲁塔的著作中还有其他人持类似意见。

为使此种见解易为世人了解，宜引述普鲁塔之言："其余人皆认为地球不动，而毕达哥拉斯学派的菲洛拉奥斯则说地球围绕中央之火并循一倾斜的圆形运行，恰与太阳、月亮相仿。

彭都斯的赫拉克利特和毕达哥拉斯学派的艾克范图斯，也认为地球运动，虽不移动位置却绕自身的中心，如车轮在轴上类似，自西向东旋转。"

得此教益，我也开始考虑地球的运动。这虽然似乎荒诞，但知前人既然可自由设想这类圆形轨道而准确解释星体现象，自然也可以允许我一试，或许因设想地球运动而发现的解释胜过他们的天体回转之说。

因此，我基于地球运动的假设，经长年不断观测，终于发现，如其他行星按其轨道之比例——与地球之回转联系，不仅立即推得各行星现象，而且所有星体之顺序、大小乃至天空本身，浑然一体，一处变异其位，必使全局混乱。

夜阑人静，只有高悬当空的月光透过窗口洒下一片银光，像是对哥白尼的抚慰。

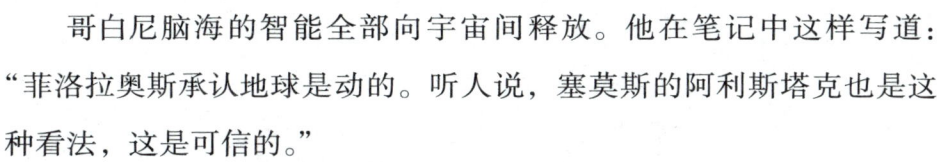

哥白尼脑海的智能全部向宇宙间释放。他在笔记中这样写道："菲洛拉奥斯承认地球是动的。听人说，塞莫斯的阿利斯塔克也是这种看法，这是可信的。"

"如果说菲洛拉奥斯或毕达哥拉斯的某一位信徒明白了这一点，那他大概也没有向后人传播这种理论。"

"因为毕达哥拉斯的信徒们遵守了这样一条原则，既不通过书籍传播，也不向所有人说明这一哲学的全部秘密，仅仅透露给知心朋友和亲人。"

哥白尼的观点与苦衷流泻在笔端。他的谨慎小心是可以理解的，因为这些新观点是违背教会权威所支持的固定不变的世界观。作为神职人员的哥白尼，自然明白其中的利害。

很显然，哥白尼认识到他的学说所冒的风险，因此跟毕达哥拉斯派一样，他也不想在这一学说尚未成熟时就贸然地让它问之于世。

# 获得法学博士学位

时间过得飞快，春去秋来，花开花谢，就在哥白尼埋头苦读，穿梭于校园之间时，7 年的时间眨眼过去。

这 7 年来，哥白尼完成了法律、医学、神学、数学、希腊文和拉丁文的学业，成绩门门全优。

在申请博士学位的关头，哥白尼考虑再三，决定转学到费拉拉大学。人们一直在考虑的一个问题是，他为什么不在就读的帕多瓦或博洛尼亚大学申请博士学位呢？

原来，在当时有个风俗，一旦在授学位的仪式结束之后，每个新博士都需要自己花钱宴请导师、同学和朋友，这可是一笔相当大的花费。

哥白尼之所以选择费拉拉，很可能是为了在举办仪式方面省去那些过多的花销。因为在费拉拉熟人少，在费拉拉举办仪式的费用要比在帕多瓦和博洛尼亚低一些。

1503 年 5 月 31 日，哥白尼在费拉拉大学迎来了他一生中的最后一次考试。

5 月的天气风和日丽，鲜艳的花朵争奇斗艳，气温不冷也不热，丝丝微风吹在人们的脸上。

含辛茹苦学习了 7 年，就是为了等待这一天。哥白尼穿上黑色的礼服，一头金色的头发梳理得一丝不乱，一双眼眸炯炯有神。他信心十足地站在礼堂里，等待主考教授们对他的检验。

"尊敬的各位老师，我宣誓已读完规定的各门学习课程。这是我的成绩单，请你们审阅。"哥白尼毕恭毕敬地将他的成绩单呈到教授们面前。

"哥白尼，你真是一个优秀的学子。"

据说，当时教授们看了他的成绩单，普遍称奇。评委席上一阵骚动。这样门门成绩优秀的学生，真是少见。教授们纷纷交头接耳，有的教授特意擦了擦眼镜，要仔细打量眼前的这位出色的学生。

"第一关通过，现在进行第二关，请你宣传一下你的论文观点。"评委席上，一名头发苍白的老教授严肃地说道。

哥白尼不敢怠慢，他知道这个仪式的庄严。哥白尼恭恭敬敬地将他准备了很久的博士论文当众宣读了一遍，朗读语速均匀。论文切中时弊，洋洋洒洒，朗读下来，深入人心。

评委席上的教授们一个个点头不止，显然对于哥白尼的论文都很满意。虽然说哥白尼参加答辩前已经将论文提交给他们看过，但是当哥白尼当众朗读的时候，他们还是感觉如沐春风，发人深省。

教授们一阵交头接耳之后，还是之前那名老教授发言："第二关通过，第三关开始。哥白尼同学，请你将第68页至74页的三节教会法作出解释，答辩规定时间为两个小时，现在给你半个小时时间准备。"

尽管在平时的学习中哥白尼对于教会法已经了如指掌，烂熟于心，但是这个时候他仍然不敢有丝毫松懈，又认认真真地将教会法那三节的内容温习了一遍。

之后，哥白尼信心十足地对那三节教会法作出了一个合理的解释，洪亮的声音在礼堂中回荡着。哥白尼用他优异的学习成绩和优秀的临场发挥征服了教授们。

教授们纷纷点头，他们对于哥白尼的解释非常满意，一致同意给予他一个优秀的成绩。

答辩仪式自此正式结束，礼堂会场进入了不记名投票表决时刻。在当时，授法学博士学位是一件非常庄严的事情，如果参加评审的教授中超过三位认定该同学不合格，那么博士学位申请就意味着失败。

也正是因为这样，所以法学博士学位是十分荣耀的一个学位。哥白尼紧张地望着评委主席台，虽然他对自己的表现很满意，但是真正到了决定命运的那一刻，他还是十分紧张。

礼堂里面鸦雀无声，哥白尼的手心都开始冒汗了。主席台上，教授们交头接耳，一会儿之后，他们对哥白尼的申请作出了决定，决定授予哥白尼法学博士学位。

从当时公证人的一段文字记录来看，这是一次颇为郑重的仪式。

在哥白尼万分激动的这一刻，主考官对他宣读："尊贵和博学的、来自普鲁士的尼吉拉·哥白尼先生——瓦尔米亚的神甫：在博洛尼亚和帕多瓦学习结束，批准授予教会法法学博士学位，无人反对。由上级助理教务主任先生授予。"

然后，哥白尼从自己的科学监护人、学位授予人安东尼厄斯·莱夫图斯教授手中接过一本书，表示要把所学的知识永远铭记在心中。

接着，学位授予人将这本书打开。这个举动表示考生迄今所学的知识是不够的，应该继续深入学习，以丰富所学知识。

随后便是授博士帽和戒指仪式，学位授予人给哥白尼戴上一顶博士四角帽，同时把一枚象征思想和行为纯洁的金戒指戴到哥白尼的手指上。

戴上了四角帽的哥白尼显得更具学者风度，那枚象征思想和行为纯洁的金戒指在他的手上闪闪发光。

最后一个程序是象征和平与和睦的亲吻。最后这个亲吻大概是从授权或封地仪式上学来的。

于是哥白尼的这段学习以获得教会法法学博士学位宣告结束，就这样他履行了享受弗龙堡神甫会助学金所承担的义务。

哥白尼获取了这个学位，与其说是为了自己，倒不如说是为了满足教会和瓦兹罗德舅舅的期望。他是个重感情的人，他不能让那么疼

爱他的舅舅失望！

接受学位的仪式结束以后，哥白尼返回帕多瓦大学，继续学习他还没有完成的医学。

这时他有了更多的时间用于医学、天文学和语言学的学习，再也不用因学习法律而分心了；也可以更深入地钻研古代哲学家和天文学家的论著，更深入地推敲他们提出的观点。

在意大利生活期间，哥白尼进行了大量枯燥的计算工作，反复核算了各种历法。

出于编制历法的需要，哥白尼翻出了编制历法的卷宗，查看计算着大量的天象材料。哥白尼还保存着埃及和中国的历法，因为是东方学者首先开始研究天文学，即天体科学的。

其次是巴比伦学者，随后是希腊人也对星体发生了兴趣。巴比伦人计算了行星运动中不同时期所用的时间，把黄道带划分为 12 等份，对星体进行了编组，发明了早期的天文仪器。

埃及人把昼夜划分成 24 个小时，确定了一定的长度，提出了各月份的名称，发明了计算时间用的滴漏。

罗马独裁者恺撒在公元前 1 世纪制定的历法纯粹依靠太阳运行的阳历。他规定每年为 365 日，每 4 年加 1 日，放在 2 月来作为闰年。可是一年的实际长度比这个法定的年约短 11 分钟，这个差异年年积累下去，积到 128 年就会差一天。到了哥白尼的这个时代，这种误差已经表现得很严重了。

在克拉科夫大学学习期间，哥白尼已经掌握了计算时间和推算日历的烦琐技术。在意大利大学学习期间，随着数学知识的增长，他进一步完善了自己的计算技术。

所以，哥白尼冥思苦索，认真计算，希望在自己手下攻克这个堡垒。已经计算了多少个夜晚了，废纸扔得一堆又一堆，还是没有得出满意的结果。

这个历法的难题，直到几十年后哥白尼发表《天体运行论》时，他的结论才成为改历的基础。

1582 年，教皇格列高里才颁布了新的历法。当时的修订是，将 1582 年略去 10 天，以原来的 10 月 5 日改为 10 月 15 日。置闰的法则改为公元纪年能被 4 除尽之年为闰年，但逢百之年只有被 400 除尽之年才为闰年。

闰年 2 月加 1 日，这样每 400 年内少掉了 3 个闰日，使天象与历法在 3000 年后才差 1 日。这叫作格里历，即现在世界各国通用的阳历。

就这样，在哥白尼离开大学时，他学习了三个专业，那就是医学、天文和法律。因此他以后从事过三种工作，即医生、天文研究，以及政治和行政工作。

# 天文巨匠

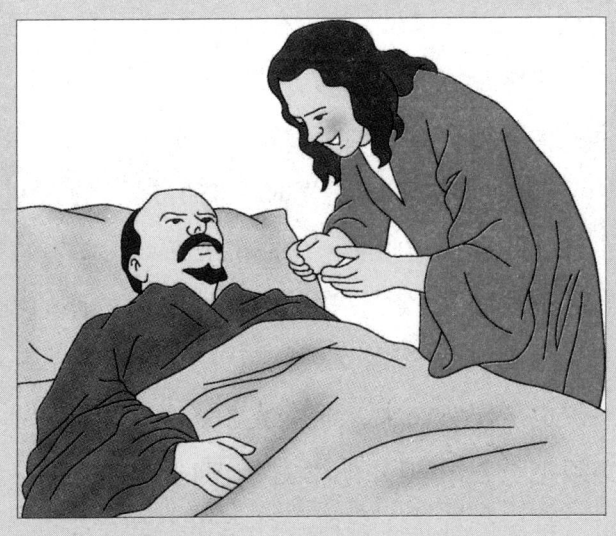

伟大的心胸，应该表现出这样的气概，用笑脸来迎接悲惨的厄运，用百倍的勇气来应付一切的不幸。

—— 哥白尼

# 学成归来担重任

哥白尼是一位多才多艺的人。他的学识在当时可以说是最高的。他所涉猎的，除了天文学、数学和医学之外，还包括法律、语言学和绘画。

秋天一直以来被人们认为是金色的时光，是收获的季节。

1503年的秋天，哥白尼结束了在帕多瓦大学的学习。在一个阳光灿烂的早晨，他离开意大利回到了波兰。

哥白尼断断续续地在意大利学习了10年。

在这10年里，他基本掌握了当时人们所揭示的天文学的所有奥秘，并已经为自己的学说勾画了一个总的轮廓。

哥白尼当时正值而立之年，学识的渊博使他魁伟的身材、轩昂的气宇更增添了几分成熟的气质。

哥哥安杰伊也从罗马归来，他也带来了博士学位证书。

兄弟俩必须把自己在国外的学习情况向神甫会作一次详细的汇报，并且要出示足够的证据，说明自己作为一名享受助学金者履行学习义务的情况。

"哥哥，你怎么了？怎么了？"

见到阔别两年的哥哥，哥白尼真是喜出望外，他们没有辜负舅舅的殷切期望，载着丰硕的成果回归到故里。

可是，他看到的哥哥却变了大样，原来英俊潇洒的面孔不见了，脸上溃烂，连端正的鼻子也塌陷下去了。

"弟弟，我完了，在意大利罗马染上了这该死的病，活下去是不可能了。我回来，就是要死在生我养我的土地上。"

安杰伊绝望倒也平静地对哥白尼说着。

原来安杰伊身染痼疾，为了治病，又重返意大利。

他患的大概是麻风病，在意大利的治疗没有取得预想的效果，他的脸也因病变得很是丑陋。在意大利他没能治愈可怕的疾病，他只好又带着病返回到波兰。

"莫不是得了麻风病？"

熟悉医道的哥白尼怎么也不敢下这样的定论，可是，眼前面目全非的哥哥明显身染重病，那痛苦万分的样子，的的确确就是麻风病的症状啊。

在当时，麻风病被看成是一种令人恐怖的疾病，一旦有人患上这种病，就被认为是上帝的安排，是天命所定，就会被人鄙视和远离。

神甫们害怕被传染，坚决地把安杰伊开除出神甫会，并且将他封闭软禁在一个孤岛上。

安杰伊这个痛苦孤独的人，就独自一人待在孤岛上，与世隔绝了16 年。哥白尼经常去探望他，为他调制治病的药剂，可是始终未见到任何效果。

作为医生和弟弟的哥白尼，他义无反顾地细心照料着这位踏入死亡边缘的安杰伊。

可以想象，作为弟弟的哥白尼，他的心里是多么的哀伤。他的眼前总是浮动着哥哥安杰伊那痛苦的表情。

他在心里追悔莫及，可又无济于事。这种无可奈何的心态搅得他好些天都吃不下饭，睡不着觉，终日提不起精神来。

有一天，哥白尼正在桌案上翻看医书，他试图从书中找出治疗麻风病的药方。这时，舅舅身边的一个神甫匆匆地赶了过来，对哥白尼说道：

"哥白尼神甫，快随我走，瓦兹罗德主教大人生病了。"

"舅舅生病了！"

哥白尼心中大吃一惊：哥哥患上了疾病，怎么舅舅也生病了，老天爷呀，可千万不要再是麻风病啊！

时间紧急，已经容不得哥白尼多想了。他立刻抄起一本医书，就随那名神甫匆匆赶往舅舅的家中。

走进卧室，舅父的病容使哥白尼大吃一惊。

原来的舅舅是那么高大健壮，威风凛凛，就像一座山似的坚实。哥白尼还清楚地记得自己在十几岁的时候，舅舅常常把哥白尼一举就过了头顶。

可是，如今的舅舅就像一座倒塌的墙，病卧在床了，原来那神采奕奕的面庞显得异常憔悴，而且面部也已经塌陷了，就像一个久病在床的老人。

哥白尼禁不住泪水盈眶，他的心情真像是被刀子捅了似的痛楚，说不清是什么滋味。

由于哥哥的病，他的心似乎还在流血。现在，望着体弱的舅舅，哥白尼的心灵伤口又被重新抹了一把盐。

哥白尼抹去泪痕，强作笑脸地对舅舅说：

"舅舅！我没有辜负您的培育，已经获得法学博士学位了。"

舅舅听完，看着成熟而有风采的外甥，内心感到无限的欣慰。他的嘴角抽动了一下，露出了满意的笑容：

"哥白尼，我的好孩子，你可终于回来了。"

哥白尼的眼角湿润了，往事一幕幕地浮现在眼前。他想起自己童年丧父丧母，是舅舅含辛茹苦一手把自己带大。想不到自己求学归来，舅舅竟然已经病成这副模样。

哥白尼哽咽道：

"舅舅！我在帕多瓦大学专门学习了医学，以后就让我给您看病吧。"

"舅舅老了，不中用了，身体有点老毛病是正常的。只是哥白尼，

舅舅现在需要你的帮助，你能帮帮我吗?"

"舅舅！您可千万不要这么说。如果没有您的培育，哪里会有我的今天，说不定我早就饿死了。有什么我可以做的，您尽管对我说。"

哥白尼不忍心舅舅这么大年纪了还为琐事操心，十分恭顺地应承道。

"哥白尼，你是一个单纯的孩子，舅舅本来不该让你置身这是非之地。可是舅舅现在的确是年纪大了，主教的工作也越来越难做了。最主要的是，我身边缺少一个可以信任的人来协助我料理教区的事务。你愿意作为主教的秘书兼医生留下来帮舅舅一把吗?"

舅舅让外甥坐在他的床边，用商量的口吻对哥白尼说道。

哥白尼坚定地说道：

"只要您认为我能够胜任，我当然愿意，舅舅!"

瓦兹罗德主教向弗龙堡神甫会提出自己的愿望，希望解除他在主教区首府坐班办公的义务，并任命哥白尼担任他的随从神甫和医生。

# 救苦救难的神医

说真的，哥白尼很愿意在舅舅身边开始他的教职工作，这样可以常常得到舅舅的指点，而且能给舅舅当医生，哥白尼的医学知识正可以学以致用。

更重要的是，哥白尼需要有一段时间来整理他在意大利学习期间所收集到的大量的天文学资料，并总结自己的研究成果，在舅舅身边，才能有自由支配的时间。所以，哥白尼毫不犹豫地答应了下来。

为瓦尔米亚主教这样高贵的人物担任保健医生，使哥白尼成了这一地区最有名气的医生之一。

在15世纪，作为医生的哥白尼，他的知名度要远远超过作为大文学家的哥白尼。

这一方面是因为哥白尼是瓦尔米亚主教这位高层人物的保健医生，另一方面是因为他的医术在当时确实是比较高超的。

哥白尼不仅是舅舅的保健医生，也是舅舅的秘书、顾问和心腹。舅舅常常把最复杂和最棘手的问题交给他去处理。

哥白尼乐于为所有患者治病，不管其贫富和门第如何。他关心穷人的疾苦，免费为他们看病，有时甚至还主动送药给他们。

与此同时，也有许多知名人士慕名到哥白尼这里求医。请哥白尼治病的知名人物，除舅舅外，还有瓦尔米亚主教的继承人卢兹扬斯基、著名的人文主义者丹蒂谢克、海乌姆诺主教铁德曼等。

1512年2月8日，哥白尼陪舅舅到克拉科夫参加了齐格蒙特·斯塔雷国王同匈牙利的公主扎波姚·鲍尔鲍劳的结婚典礼。

在豪华隆重的婚礼上，哥白尼见到了五彩的鲜花，美丽的皇后和全国的达官贵人，这些都给他以新鲜、激动和振奋的冲击。因为作为教会的人，是不能结婚的。

越得不到的才越显得珍贵，何况是举国欢腾的国王婚礼呢！

但是就在这个关键性的时刻，主持婚礼的提卡斯主教突然昏倒了，只见他四肢抽搐，口吐白沫，样子很吓人。

"快找医生！快找医生！"

在场的人都很惊慌，求救声传遍了礼堂。国王和他那披着婚纱的新娘手足无措地站在他旁边。

哥白尼虽然从未碰到过这种情况，但他并没有惊慌，他沉着地解开了主教的衣服，指挥人把主教抬到了床上，随后便开始进行抢救。

在场的人都以为主教没救了，可是哥白尼居然使主教又醒了过来。

"哥白尼，你真是神医啊。"

人们纷纷夸赞道，就连国王和皇后也都为哥白尼高超的医术所折服。从那以后哥白尼更是名声大振，慕名找他看病的人更多了，其中很多都是当时的知名人士。哥白尼作为一名医生的声望已经超出瓦尔米亚地区，甚至也超出了波属普鲁士的疆界。

阿尔布雷希特大公曾经向弗龙堡神甫会提出请求，希望能把哥白尼派到大公的首府克鲁莱维茨去。

为了给自己患病的朋友普鲁士大公看病，医生天文学家哥白尼不得不乘马车奔波往返。

盛名之下的哥白尼并没有因此而忘乎所以。作为一个医生，他最大

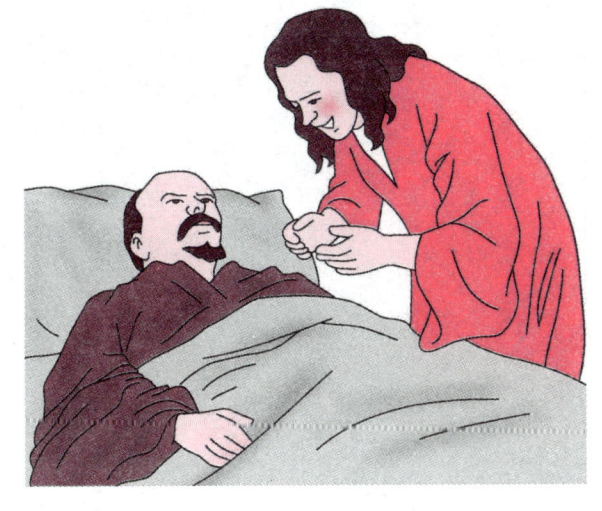

的特点便是对病人极其负责。

赫尔斯堡的主教费贝尔患心绞痛和风湿痛，哥白尼专程前去为他治疗。但是疗效总是不明显，于是哥白尼便约了其他内行的医生一起会诊。

从 1529 年至 1537 年间，哥白尼不断地寻找有经验的医生进行会诊，后来先后听说普鲁士公爵的私人医生和波兰国王的御医在治疗这类病上有高招，于是又赶紧写信求教。

哥白尼对医学理论有很大的兴趣，为了不断丰富自己的医学知识，他购买了大量医学书籍。

不管是富人还是穷人，都很喜欢哥白尼。因为他的心地总是那么善良，无论是谁有了困难，他都会伸出救援之手。

据传古希腊有个救苦救难的神医叫作阿卡拉斯，人们感激涕零，便把哥白尼称为"阿卡拉斯第二"，可见对他的爱戴之心。

# 处理复杂的纷争

舅舅瓦兹罗德需要哥白尼做他的医生，但首先是做他的顾问和同事。乌卡什主教是一位有学问的人，同时也是一位成熟而富有热情的政治家。

哥白尼留学回来的时候，普鲁士的政治局势正十分复杂。在这种情况下，瓦尔米亚主教区管理人的处境就更加艰难。他管理的地区对波兰来说无论从经济角度还是从战略角度看，都是很重要的。

哥白尼在舅舅身边，除了行医，更多的是处理教务上的事。当时，瓦尔米亚正处于困难时期，一直觊觎瓦尔米亚的十字骑士团正在寻找机会，企图把它攫为己有。

当时瓦尔米亚的内部问题也很复杂。在这种情势下，哥白尼没有多少时间能够安静地从事科学研究工作。他必须为舅舅出谋划策，帮助舅舅解决各种棘手的政治问题、法律问题和经济问题。

瓦尔米亚原属普鲁士的一部分，反对十字骑士团的 13 年战争结束之后，根据《托伦和约》于 1466 年并入波兰。

这个地区被称为波属普鲁士，因为它直接受波兰国王管辖，它同普鲁士的东部地区不同。

东部地区先被称作十字骑士团普鲁士，后称普鲁士公国，成为波兰封地。此后又在这块封地上建立起一个强大的普鲁士王国。

但瓦尔米亚仍是一个独特的行政区域，它是普鲁士最大的主教区。十字骑士团从波兰手中夺走了格但斯克沿海地区和库雅约的一部分，并把自己征服的地区划分为四个主教区。

这四个教区是波梅扎尼亚主教区、瓦尔米亚主教区、桑比亚主教区和海乌姆诺主教区。

四位主教每位都只掌管主教区的三分之一地区，其余地区归骑士团所有，而主教的权力也只是宗教性质的。

正因如此，骑士团的骑士们和瓦尔米亚的主教及神甫之间不断发生冲突。

从 1479 年起，瓦尔米亚的主教同时担任了王国的参议员，向波兰统治者宣誓效忠，所以，瓦尔米亚成了波兰的一部分。

瓦尔米亚像一座半岛一样，三面被十字骑士团国家所包围，来自十字骑士团的威胁明显加剧。

骑士团的大首领弗里德里希·萨斯基破坏《托伦和约》的规定，拒绝向波兰统治者宣誓效忠，并要求把波属普鲁士并入骑士团领地。

这期间罗马—德意志国王、后来的皇帝马克西米连一世企图把格但斯克和埃尔布隆格的司法权和税收权交给德意志帝国掌管。

哥白尼辅佐舅舅管理教务后，才逐渐了解到主教舅舅并不顺心，他处于进退维谷的两难境地。

首先，国王卡齐米日·雅盖隆奇克一直伺机要搞掉他不喜欢的这位主教，而瓦兹罗德舅舅是一位精明的政治家，他从不给国王以可乘之机。

主教继承了自己家族反抗十字骑士团的传统，这样，十字军骑士又对他恨之入骨。

哥白尼同舅舅一道参加了反十字骑士团的活动，这使十字骑士团从哥白尼出现在利兹巴克的头几年就开始注意他了。

威廉·冯·艾森贝格尔在一篇嘲讽瓦尔米亚主教的文章中丝毫也没放过主教的这位外甥。

哥白尼了解了一些教会的秘密后，熟悉了自己以后开展活动的地区，懂得利用自己的阅历和知识来解决宗教事务以及世俗事件。

1504 年的新年，哥白尼是伴随舅舅一起度过的，他们参加了在马尔堡市政厅举行的普鲁士各界代表会议。

会议持续了 4 天，国王的特使参加了会议。特使要求普鲁士各界派使臣到彼得库夫，在 1504 年 1 月 21 日举行议会会议期间向国王宣誓效忠。

时间已经不多了，到彼得库夫去的路程还要花费几天时间。瓦兹罗德主教领导的普鲁士各界还有许多具体事情要做，由于缺少小城镇代表，还要再召开一次扩大的代表会议。

于是在 1 月 18 日又在埃尔布隆格召开了一次代表会议，瓦兹罗德主持了这 4 天会议。这次会议作出了许多对该地区具有重要意义的决定。

时间如流水一般很快流逝，要准备一个代表团到彼得库夫议会去宣誓效忠已经来不及了。于是决定派两名普鲁士贵族作为特使去说明推迟宣誓效忠的原因，并请求国王亲自驾临普鲁士，了解当地的各种急迫问题，实施改革。

随后有两个月，哥白尼参加了紧张的迎接国王的筹备工作。当时的整个普鲁士，甚至整个波兰都注视着哥白尼的故乡托伦，因为国王来访的主要仪式要在那里举行。

1504 年 3 月 21 日，瓦兹罗德主教从利兹巴克来到托伦。哥白尼如果不是为督办筹备工作提前到了托伦的话，就要陪同舅舅一起去。国王亚历山大·雅盖隆奇克偕夫人海莱娜王后于 4 月 2 日来到托伦。

伴随国王和一些杰出政治家巡视波属普鲁士，这使哥白尼有机会直接接触该地区最重大的问题，并了解了他们的解决办法。

这 3 个月，哥白尼了解了波属普鲁士的重要法律和制度情况，也明确了全国的利益所在。这使他认识到，同波兰保持和加强不可动摇的联系是重要的和必要的。

# 舅舅瓦兹罗德去世

哥白尼除了处理公事以外，还要帮舅舅处理私事，并成功地调解了瓦尔米亚主教和格但斯克市民之间的冲突。

在舅舅身边的这段日子，由于公务繁忙，哥白尼只能利用闲暇时间来对天体进行观测，可以从事天文研究的时间是很少的。

摆脱了一天来冗繁的工作后，夜晚的时光才属于哥白尼自己。他的思维驰骋于《天体运行论》的书稿中。

为了不引起麻烦，他封闭保护着自己的创见，除了几位最亲密的朋友，谁也不知道。

大约在1507年，哥白尼开始撰写自己的第一篇天文学论文。在这篇论文中，他开始勾画出自己学说的雏形。但是因为政事繁忙，这篇论文的写作一直断断续续。

哥白尼在利兹巴克观测了月食，丰富了他多年积累起来的有关星际现象的知识。

1509年6月2日，哥白尼对即将出现的月食作了预测。这对他的理论发展非常重要，因为这次月食同托勒密观测的月食非常相像。

这使哥白尼有可能对希腊天文学家的观点加以验证。在哥白尼的一生中仅此一次，以后再也没出现这种观测机会。

自从这次月食观察以后，哥白尼对于自己的天文学论文就更加充满信心了，他下定决心要将这篇论文完完整整地写出来。

可是要写下这么一篇学术性质的论文，牵涉到的时间和精力可就太多了。思考再三，哥白尼还是觉得这件事情应该先和舅舅商量一下。

"什么？你要写日心说？不行，这绝对不行！哥白尼，你脑子犯傻了吗？你自己也是教会的神甫，教会的势力有多强你不知道吗？和教会作对，会是一个什么样的下场，难道你还不了解吗？"

瓦兹罗德一听哥白尼想要写宣传日心说思想的论文，就坚决反对。他是教会的主教，对于教会的势力，瓦兹罗德是心知肚明的。

哥白尼是他最疼爱的外甥，瓦兹罗德不可能让哥白尼冒这么大的危险去从事这项工作。

再说，哥白尼在政治上也很有天赋，虽然才做了几年的秘书，但是已经有人评价说哥白尼会是一个杰出的年轻政治家。只要他再培养指点一下，哥白尼在政治上完全能够有所作为。

而从事日心说宣传工作，那可就是和教会对立，是要进监狱的。

"舅舅！我不怕！我相信正义一定能够战胜邪恶。我喜欢的是天文学，并不是政治，你怎么就不明白呢？"

哥白尼据理力争，他并不想就此妥协。对于天文学，哥白尼是发自内心地喜欢。为了这项伟大的事业，哥白尼足足准备了十几年，现在他觉得到了应该将自己的理论写出来的时候了。

"哥白尼，你如果再一意孤行，就给我离开这里！"舅舅十分生气，哥白尼的叛逆让他心中十分愤怒。

"走就走！"哥白尼也愤怒了。这个执着的天文学家头一次对舅舅大为不满，他回头就收拾行李离开了利兹巴克，搬回自己在弗龙堡的住处，并在那里度过了30多年。

吵架归吵架，但是哥白尼在心底里还是十分敬重自己的舅舅的。虽然搬到了弗龙堡居住，哥白尼经常派人打探舅舅的身体状况，并且时常派人送一些药品过去。

1509年，哥白尼出版了他的第一部作品，将希腊作家泰奥菲拉克特·西莫卡塔的作品《风俗、田园和爱情信札》译成了拉丁文。

为了感谢舅舅，哄舅舅开心，哥白尼将一本题上字的精装书奉献给他，并洋洋洒洒地写下了以下的心里话。

亲爱的舅舅：

最值得尊敬的先生和祖国之父，希望您在看到这本书的时候，对我的怒火能够平息一些。

我深深地感到那位西莫卡塔把自己的风俗资料、乡村通讯和爱情信札收集起来，大概是出于这样一种考虑。

我认为没有什么能比多样化更吸引人了，不同智力的人在不同的事物中得到乐趣，一部分人被严肃的重要事物迷住，另一部分人则被轻松愉快的事物所吸引。

有人接受冷静话语的诱惑，也有人正迷恋于童话故事，真乃各有所好。就像在百花园中采摘鲜花一样，每个人都能找出自己最喜爱的东西。

为此认为只有希腊人才能读这本书，那是不公道的。懂拉丁文的人对这本书了解得太少，于是我尽力把它译成了拉丁文。

最亲爱的舅舅，我向您奉上这个小小的礼物，不成敬意。这同您的恩惠是无法相提并论的。

然而，每当我付出努力或者我的微薄能力取得什么成果的时候，我总是想，这一切都应该归功于您。

永远爱您敬重您的哥白尼

瓦兹罗德读着外甥的信函，不禁老泪纵横。他并不是真的就那么生外甥的气，外甥和舅舅之间又有什么解不开的疙瘩呢？他是在替哥白尼担心，因为他踏上的是一条充满危险的坎坷之途啊！

如果是在瓦兹罗德年富力强的时候，他还能够照应哥白尼，但是现在，他的身体已经支撑不到那个时候了呀！

1512 年 3 月 23 日，瓦兹罗德主教在温奇查突然患病，而且病得很重。3 月 26 日，瓦兹罗德被送回故乡托伦。

教堂里的烛光随风摇曳，似乎象征着瓦兹罗德舅舅生命之火即将燃尽。

几位著名的医生都围拢在他的周围抢救，瓦兹罗德睁开疲惫的双眼，好像在寻找着什么，嘴张了几张，呢喃地叫着他钟爱的哥白尼的名字。

哥白尼连忙抓住舅舅的枯瘦的双手，急切地说道："舅舅！舅舅！我在这里。"

病床上的舅舅，已经奄奄一息了，他用虚弱的声音说道："哥白尼……舅舅不行了……我要去见上帝了。你不要再生舅舅的气了……舅舅是……是为了你好……"

"舅舅！你不要再说了，都是我不好，不该任性一个人跑到弗龙堡去。在你最需要我的时候我却不在你身边，我太自私了。舅舅……"

哥白尼紧紧拉住舅舅的双手，泣不成声。

哥白尼多么想要用自己的医术挽救舅舅的生命啊，可是死神已经在召唤他了，一切都是徒劳。

终于，舅舅怀着最后的留念闭上了眼睛。1512 年 3 月 29 日，乌卡什·瓦兹罗德主教因病去世，享年 64 岁。

20 年来，是舅舅像亲生父亲一般抚育培养了哥白尼，虽然他同哥白尼之间发生过冲突，但他的死不能不对哥白尼产生巨大影响。

虽然哥白尼还有一位哥哥，但哥哥身患不治之症，已经被瓦尔米亚神甫会开除了，在舅舅去世之后不久，他也离世了。

# 观测两星的重合

弗龙堡是一座美丽的滨海小城，城的中间有一个坚固的高岗，弗龙堡教堂就建立在上面，显得十分的巍峨庄严。高岗四周，有高大结实的城墙，拱卫着弗龙堡大教堂的安全。

舅舅死后，哥白尼花钱买下了一处塔楼，就位于城墙的西北角。

哥白尼非常喜欢这种北欧建筑风格的建筑，最上层的窗户，向四面八方敞开，就可以观测天象，而平台最适宜作露天观测。

哥白尼把这里当成了工作室，在塔楼里安装了视差仪、象限仪和星盘等，用塔楼来观测太阳、月亮和星星。

塔楼的环境十分幽静，自从舅舅死后，哥白尼原来担任主教秘书时期所需要的应酬几乎全部推掉了。这里只有到了节日，才能听到钟声。

没有人来打扰自己，哥白尼显得十分开心，这样的话，他就有时间和精力专心地研究天文学了。

以前舅舅在世的时候，阻止哥白尼写作关于日心说的论文，现在舅舅已经死了，谁也管不住哥白尼，哥白尼决定要将心中的想法全部写出来。

但是哥白尼是一个严谨的学者，尽管日心说在他的心中已经有了雏形，但是他本人还是觉得缺少足够的事实来证明，所以哥白尼一直秘而不宣。他还要继续研究，收集证据。

弗龙堡纬度偏北，行星常出现在地平线上，很难观察，又加上它靠海，气候阴湿多雾，星星看上去影影绰绰的，非常模糊，容易造成误差。

只有在严寒的冬季，天空才晴朗起来，因此哥白尼的观察常常是在冬天进行。

海上的风一阵阵吹来，气温在零摄氏度以下，虽然穿着厚厚的皮袍，可寒风还是肆无忌惮地从袖子里、头颈里钻进来，使人感到阵阵寒意。

哥白尼常常在这样的环境中通宵达旦地工作着。手冻僵了，没办法使用仪器了，他就放在嘴边吹吹，或伸到胸口里暖暖。

在这天寒地冻的晚上，这一点点暖意是多么可贵啊！

早在1506年，当哥白尼从意大利回到波兰时，他发现波兰全国正笼罩在一种恐怖的气氛之中。那年天空将4次出现土星和木星"会合"的奇异现象。

教会预告了4次会合的时间，并说这是上天对世人的一个严重警告；世上将出现一个冒牌的先知，洪水和瘟疫也将接踵而来，国家的崩溃指日可见。

教会散布这样的谣言是有目的的。天空一向是教会敲诈勒索的摇钱树，这一次也是如此。

当时教会发行了许多所谓的"赎罪券"，派人四处宣扬，谁出钱购买赎罪券，就可以在最后的审判时获得赦免权，不会因为生前犯有错误而遭到下地狱的惩罚。

当时赫赫有名的宗教裁判所裁判官铁哲耳就曾经这样说过："银钱投入圣柜，灵魂升入天堂。"

哥白尼对于这个"两星会合"的现象很感兴趣。经过仔细研究和计算，他发现教会的预言有明显的错误，就准备继续观察，用事实来揭穿教会的谎言。

一眨眼之间，六七年的时间就过去了，而哥白尼所要追寻的真相却还没有着落。

在一个天朗气清、星辰璀璨的晚上，哥白尼经过精密的研究，发现这是一个不同寻常的日子，预测到这是第四次土星和木星重合的日子。

"笃，笃，笃……"哥白尼听到了敲门声。这个时候来的多半是他的爱好天文学的志同道合的好朋友。

哥白尼一打开门，就看见一个年轻人走了进来。他叫铁德曼，也是一位神甫，是哥白尼的挚友之一。

铁德曼比哥白尼小 7 岁，原籍是格但斯克，他的父亲曾任格但斯克市长。在莱比锡大学学习时铁德曼加入了波兰同乡会。

1504 年，铁德曼升为海乌姆诺主教。由于国王齐格蒙待的支持，他又登上了瓦尔米亚主教的宝座。他是瓦尔米亚杰出的人文主义者之一。

铁德曼了解哥白尼，也了解他的天文事业，和哥白尼一样对天文学非常有兴趣，因此两人结下了非常深厚的友谊。

"哥白尼，你猜我给神甫会带来了什么？"

"什么呢？"哥白尼望着朋友透着几分狡黠而又满含兴奋光泽的眼眸，不解地问。

"你等着，我给你拆包看看！"

铁德曼拆着包，拆到一半，露出了里面的东西。哥白尼的眼睛闪动着喜悦的光辉，大声说道："我知道了，是一个太阳钟。"

哥白尼高兴得像小孩子似的。

"别忙，还有呢，你再看看这个。"铁德曼像故意吊哥白尼的胃口似的，不慌不忙地说。

"哇，这是观察昼夜平分时的仪器，真是太棒了！知我者铁德曼也！"

哥白尼恨不得拥抱他的朋友，但是，想到神甫的身份，他又忍住了，只是向朋友投来感激的一笑。

"根据我的演算，今天我们可以观测到第四次土星和木星重合。

教会也宣布过重合的日期，却是在一个月之后！"哥白尼说。

"是吗？这太妙了！"铁德曼非常崇拜哥白尼，他对哥白尼的预测是坚信不疑的。

漆黑的夜空，繁星点点。哥白尼冒着深秋的寒风，凝视着那两颗正在接近的行星。

哥白尼和铁德曼边说边等待着奇妙天象的出现。啊，激动人心的时刻终于来临了，木星和土星这两颗行星渐渐走到了一起，不分彼此，成了一颗星。

哥白尼高兴得叫了起来，他赶紧记下了这次天象出现的时间和在天空中的精确方位。

事实证明哥白尼的推算是正确的。而教会预报的第四次会合的日期是错误的，它比哥白尼所推算的足足晚了一个月。

哥白尼并没有直接驳斥教会散布的谬论，但他用事实证实了教会的言论是靠不住的。

这一次的土星木星重合时间的推断和观察更加坚定了哥白尼的信心，他要用自己的事实，来打破教会禁锢的这个天文学世界！

为了给自己的日心说提供充足的证据和有价值的材料，就是在弗龙堡塔楼上，哥白尼开始对天象进行了数不清的观察。

哥白尼观测的内容十分广泛，对日食、月食、火星冲日、金星冲日、黄道和赤道交角、春分点移动等50多种天象都作了观测，并且做了详细的记录。

比起今天先进的天文观测仪，16世纪时期的哥白尼所使用的仪器不知道要简陋多少倍。但是哥白尼所得出的结果，却是十分精确的。

比如说，哥白尼通过对数据的计算，得出一年的时间是365天6小时9分40秒，比起今天的数据来说，误差只有30秒。

又比如说，哥白尼得出的月球到地球的平均距离为地球半径的

60.30 倍，而现在的精确值为 60.27 倍。

通过观察，哥白尼精确地计算出了太阳直径同围绕太阳旋转的行星直径的比例，精确地确定了那些行星围绕太阳旋转一周的时间。

根据哥白尼的计算，土星围绕太阳旋转一周的时间是 30 年，现在测得的实际时间是 29 年又 167 天；木星旋转一周是 12 年，而现在测得的数据为 11 年又 315 天；金星旋转一周为 270 天，现在测得的实际时间为 225 天；水星旋转一周为 80 天，现在测得的时间是 88 天。

幸运的是，哥白尼抄录在图书边缘或粘贴在书中的许多观察笔录被保存下来了，现在放在他的纪念馆里。

这些记录不仅记下了宝贵的天文资料，也录下了哥白尼这位勤奋的天文学家在科学之路上不畏劳苦攀登高峰的足迹。

# 作出天体运动假设

大量的观测和计算丰富了哥白尼的理论，也有力地证实了"地球在围绕太阳运行"这个学说的正确性。

哥白尼决定开始进行一项重大而有意义的工作。

他把酝酿已久的天文学论文，先抽出其中的基本论点充分地表述出来，这也是哥白尼撰写的第一篇天文学论文。

大约在 1515 年前后，哥白尼曾以书信的形式，将这篇论文寄给了自己的朋友和自己熟悉的天文学家。

这篇论文开头的一句话是：

"尼古拉·哥白尼浅说自己提出的关于天体运动的假设。"

后人就把这篇论文的名字简称为《浅说》。

《浅说》的消息不胫而走，几乎传遍了整个欧洲。

哥白尼在这篇《浅说》中以概括的方式，分为几点扼要地阐述了他"日心说"的基本思想：

一、不存在一个所有天体及其轨道的中心点。

二、地球中心并不是宇宙的中心，地球只是重心和月球轨道的中心。

三、所有的天体都是围绕着作为自己中心点的太阳而运转，因此太阳位于宇宙中心附近。

四、地球到太阳的距离同天穹高度比较而言，就如同地球半径同地球与太阳间距之比一样渺小。

地球到太阳的距离同天穹高度之比是微不足道的。

这就是说，地球绕太阳公转所造成的观察角度的变化，被称为视差位移，它同观察者与天穹、也就是观察者与各行星的距离相比，简直太小了，所以这个变化很难被发现。

五、在天空中看到的所有天体的运动，都是由地球自己的运动造成的。因为地球连同环绕它的自然要素一道，每24小时围绕对天空来说不变的两极连线旋转一周。

六、使人感到太阳在运动的一切现象，都不是太阳的运动产生的，而是由地球及其大气层的运动造成的。

地球带着它的大气层，像其他行星一样围绕太阳转。由此可见，地球同时进行几种运动。

七、人们看到的行星向前和向后的运动，都不是行星自身的运动，而是由地球自身运动使人产生的错觉。

地球运动的本身可以解释人们在天空中观察到的各种各样的天象。

接着，哥白尼又详尽描述了太阳和月球的视运动，然后描述的是土星、木星、火星以及金星和水星的视运动。

《浅说》是用这样两句话作为结尾的：

"这样，水星总共沿七个圆运转，金星沿五个圆运转，地球沿三个圆运转，月球围绕地球沿四个圆运转。而火星、木星和土星各沿五个圆运转。因此，总共有34个圆就足以说明整个宇宙的构造和行星所跳的全部舞蹈了。"

哥白尼在《浅说》中有力地抨击了托勒密的理论。

托勒密的理论认为，地球才是宇宙的中心，所有的天体包括太阳，都是围绕着地球来运转的。

这一抨击同时也是对以托勒密地心说为基础的世界观和哲学体系的抨击，使星占术失去了存在的意义。

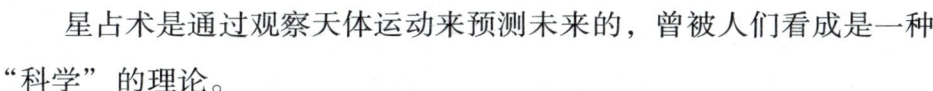

星占术是通过观察天体运动来预测未来的，曾被人们看成是一种"科学"的理论。

前面所述的第三点和第七点是哥白尼日心说的基本含义。

《浅说》中又提出，地球每昼夜围绕自己的轴心旋转一周，每年围绕太阳旋转一周。

这个崭新的理论无疑是惊人的。

然而更令人吃惊的是，哥白尼这一惊人发现竟然是借助相当简陋的仪器来实现的，它们主要是象限仪、三角仪和捕星器等。

象限仪不过是用木板做成的一个正方形，板上绘制了四分之一的圆弧，在圆心处钉上一条细棍，用于观测太阳的位置，主要是测量太阳正处在中天时的高度。

三角仪是用三根活动的尺子构成的，用于观测月球。

捕星器是由六个摆放在相应位置上的带有刻度的圆环构成的，它是哥白尼用来测量月球与行星的位置及角度的工具。

哥白尼把《浅说》认真地抄写了好几份，然后寄给自己的知心朋友和自己熟悉的天文学家。

他希望得到他们的呼应和支持。不管反应的结果是对还是错，哪怕有点声音也好啊！

但是，在当时的大环境下，在当时的理论观念下，他是注定要失望的。他得到的只是一片悄无声息的沉默。

原因很清楚，因为赞同哥白尼就意味着向教会的权威发起挑战。

在当时，宗教裁判所遍布欧洲，只有为数极少的几个国家没有这种实行思想专制的机构。

火刑柱令人触目惊心地矗立在许多广场上，使人历历在目地回想起那些所谓"异端者"在受刑时的可怕景象。

是的，当时的欧洲已经摆脱了中世纪的漫漫长夜，迎来了文艺复兴的曙光。

可是黎明前的黑暗仍然沉重地笼罩在欧洲大地上。

没有人敢违背以教会权威和以《圣经》论述为支柱的公开理论来承认哥白尼的成果。

所有人都保持完全的缄默。也可能有人在内心里承认哥白尼是有道理的，但嘴上却不敢多说什么。

在著名编年史家和历史学家、哥白尼的同事马切伊·米耶霍维塔所做的图书目录中，保存有这样一个条目：

"关于行星理论的笔记，该理论认为地球在运动，而太阳原地不动。"

毫无疑问，这里说的笔记就是《浅说》。可是在这里，他竟然连哥白尼的名字都不敢提，可见当时的思想禁锢达到了一种什么样的程度！

每当想到这些，哥白尼就禁不住黯然神伤。

铁德曼看着这位忧伤的朋友，看着他细长的眼眸里流露出的目光是那样的哀怨，那么的忧郁，似乎总是笼罩着一层厚厚的阴云。

他轻轻地拍拍哥白尼的肩头，掷地有声地说：

"亲爱的朋友，振作起来！真理是太阳，乌云是遮不住的！"

"知道，我知道，人的天职在于勇于探索真理。我是百折不挠的。"

《浅说》作为哥白尼的早期作品，也存在着明显的不足。《浅说》中的新理论都是用假设的方式提出的，缺乏令人信服的证据。

其中所设想的天体运行的模型所用的数据都是取自前人的著作，主要是阿拉伯国王阿方索十世的。这位国王曾经组织了一批天文学家于 1252 年编成了《阿方索表》。所以说这并不是哥白尼自己观察的结果。

哥白尼这位严谨的、有远大抱负的天文学家当然也认识到了这些缺陷。他决心用长期艰苦的努力来编撰一部更为完整、更加成熟的论著。

但是随着时间的推移，《浅说》在欧洲越来越引起了人们的注目，并引起了截然不同的反应和争论。

《浅说》也为哥白尼赢得了一位最忠诚的学生，他就是威丁堡的数学家、天文学家和医生耶日·约阿希姆·冯·劳亨，又称雷蒂克。

雷蒂克在了解了《浅说》的内容以后，决定亲自结识一下作者。

于是，1539 年，雷蒂克亲自来到了弗龙堡。他在此待了两年，了解了哥白尼学说的基本内容。

也正是雷蒂克说服哥白尼出版了《天体运行论》一书，才为迷雾笼罩的中世纪撕开了一条裂缝，让太阳的光芒透过这条裂缝，照亮了大地！

# 担任教会行政职务

1510年11月至1513年11月，哥白尼担任了神甫会办公厅主任。这是一项很高的行政职务。他的职责是负责编写给波兰国王和十字军骑士团的信件，为各种正式文件加盖印章，监督神甫会的账户。

1512年，哥白尼还管理过食品供应，即负责监督面包厂、啤酒厂和磨坊的工作，以及神甫们日常食品的分配。

1516年，患病的神甫苏赫滕向神甫会提交了传统的工作报告后提出辞呈。神甫会接受了他的辞职请求。

然后，通过投票表决选举哥白尼接替苏赫滕的职务。这是对哥白尼的莫大信任。

哥白尼管理神甫会财产一直至1521年6月，中间只间隔很短一段时间。

担任神甫会财产管理人，要承担许多经济义务和行政义务，要掌管瓦尔米亚的两个地区，即奥尔什丁地区和皮耶宁日诺地区的经济和收入。

担任这一职务的人可以毫不费力地利用职权为自己捞取可观的资本，在当时这是常见的现象。为此人们总要选举特别信得过的人担任这一职务，希望能有一个有能力的好管家。

神甫会章程规定，新当选的财产管理人要进行专门的宣誓："保证如实地向神甫会报告奥尔什丁和皮耶宁日诺两个地区的所有收支账目。"

与此同时采取了许多监督性措施，旨在把营私舞弊和贪污的可能性减少到最低限度；尽管如此，仍不能彻底杜绝。未经神甫会同意，管理人不得出售粮食，但却可以"凭良心"去做林木买卖。

管理人有权对奥尔什丁和皮耶宁日诺地区受神甫会统治的所有

人，其中包括住在这里的贵族，行使审判权。也有权罢免奥尔什丁和皮耶宁日诺的两座城堡的司令官。

此外，有义务对司库和其他掌管财务的人实行监督。管理人的工作主要是经济性的，为此他必须解决有关农村生活的所有问题，其中包括安置新移民、确定纳税标准等。

哥白尼掌管的地产范围遍及奥尔什丁佃户区的 34 个村庄和皮耶宁日诺佃户区的 67 个村庄。

此外还管理着位于这片土地上的两座城堡，并负责维护两座堡垒的防御性能，为此承担一些军事防御任务。

作为行政管理人，哥白尼的办公地点就设在奥尔什丁城堡，该城堡位于奥尔什丁城西北部的韦纳河畔。奥尔什丁城堡连同这座建有堡垒的城市，是当时整个瓦尔米亚防御最好的要塞。

哥白尼是一位一专多能的人。在弗龙堡一带，人们都知道哥白尼是神甫，也是神医。

村里有人病了，就来找哥白尼诊治，其中大多是贫苦的村民。因为哥白尼不但不收费，甚至连药费也赔上。大家看哥白尼不光是医术精湛，而且平易近人，乐善好施，都十分感动。尤其是那些被治愈的病人更是感激不尽，他们热泪盈眶地说："哥白尼大人，您真是一位大好人，我们怎样感谢您才好呢？"

哥白尼微微一笑，回答说："我不是什么大人，我同你们一样，是普普通通的人。我学习了知识，就要报效人民，这是我的光荣与幸福。而且，由于我的父亲就死于一场瘟疫，所以，我对病人就格外同情。"

在弗龙堡附近有一条乌巴达河，过去，夏季暴风雨一来，河水猛涨，泛滥成灾。哥白尼来到这儿之后，就建议在河里筑坝，装上闸门，并在河旁再修一条运河。把水引到山脚下，然后用铁链挂油篓将水提到山上的水塔上去，再安装水管，把水送到千家万户。

这是哥白尼亲自设计的。百姓们知道了甭提多高兴了，大家兴高采烈地干了几个月，完成了这项与大家的切身利益相关的水利工程。

全城百姓都从装好的水管中吃到了清甜的水。从此，两岸百姓不再惧怕河水肆虐。

湍湍的流水还可以推动磨坊里的水车磨面、榨油。人们看到哥白尼如此的恩德，都从心眼里敬重他。

哥白尼不但是一名优秀的医生，同时也是一个出色的货币专家。当时波兰一度发生了严重的货币危机，为了追求利润，有些制造商往往随意减少货币中的贵金属含量，致使伪币大量充斥市场。

据统计，流通在波兰市场上的伪币有 17 种之多，通用的钱币不断贬值，物价飞涨，人心惶惶。

所谓伪币，是指重量或贵金属低于表面价值的钱币。伪币流通，其结果是价值较高的真币在市场上越来越少。

因为有人将真币作为储藏金钱的好方法而大量囤积，有些人则将它运往国外重新熔炼制造出更多的伪币。

这便是伪币驱逐真币的规律。这个规律一直是以 16 世纪一个英国经济学家格雷欣的名字来命名的，认为是他首先发现了这个规律。

哥白尼运用他的数学知识和经济理论，在 1517 年曾写了《深思熟虑》的论文，后来为了让更多的人了解这篇论文，哥白尼把它从拉丁文译为德文，题目也改得更通俗，叫《造币方法》。

在《造币方法》一文中，哥白尼提出了一种远远高于当时水平的货币理论，为波兰的货币改革指明了方向。

哥白尼曾一针见血地明确指出："最大的犯罪和无法弥补的过错是国家统治者、管理者或者其他愚昧之人想从造币事业上谋取好处，于是他们就增加流通的货币数量，而新增货币的贵重金属含量是不足的。"

"搞这种名堂的人不仅伤害了自己的居民，也损害了自己，得到的好处只是暂时的，而且是微小的。他的行为就好像一位吝啬的农夫，为了节省良种就播种下坏种子，到头来收获的恶果要比播下去的坏种子还多。由此使货币的信誉遭到破坏，就好像杂草窒息了禾苗一样。"

所以，哥白尼主张改革币制，将以前贬值的货币回收销毁；最好能建立一个各国之间的"货币同盟"，共同发行一种货币。

但由于当时时机尚不成熟，哥白尼的方案只得到了部分的采纳。在这项有关货币改革的动议中，人们毫不含糊地称哥白尼为全面的经济学家。

后来发现了哥白尼写的关于货币的论文，时间比格雷欣还要早，也就是说哥白尼比格雷欣更早发现了这种经济规律。于是经济学家便把"格雷欣定理"改成了"哥白尼—格雷欣定理"。

1513 年，哥白尼接到改革历法国际委员会主席、米德尔堡的保罗的邀请，让他参加改革方案的制订工作。

哥白尼虽然把自己提出的历法改革方案寄给了主席，却拒绝亲自到意大利直接参与这一工作。

因为哥白尼知道，只有准确了解太阳和月球的运行情况之后，才有可能进行历法改革，而当时太阳和月球的运行规律还在探讨之中。

哥白尼曾在《天体运行论》中写道："在拉特兰主教会议上讨论了教会历书的修改问题。当时这件事悬而未决，这是因为年和月的长度以及太阳和月亮的运动测定得还不够精确。从那个时候开始，我在当时主持改历事务的保罗主教的倡导下，开始把注意力转向这些课题的更精密的研究。"

哥白尼从不做不切实际的事。但对于实际上与群众有利的事，哪怕再微不足道的，他也乐于去做。

在弗龙堡海边有许多渔民，他们每天都出海打鱼。每当海上刮起台风或来了暴雨，渔民的妻儿就忧心似焚，望眼欲穿。

哥白尼就利用地球是圆形的这一原理，让他们在渔船的桅杆上绑上色彩绚丽的发光物。

这样，当船在距离海岸还很远的地方，岸上的人们虽然未见船身，但能看到桅杆上闪光的物件，这样，人们就可以早点知道亲人正在安然返航。

又有一次，他到维什市视察工作，发现当地的面包价格很乱，而且分量严重不足。当时面包是一般市民的主食，也是贫苦人家唯一的食品。

哥白尼觉得对这个问题不应熟视无睹。于是哥白尼走访了很多面包房，了解了他们的支出与收入情况，记录了很多面包的价格与分量，最后编制了一份"面包定价表"，用来规范当地的面包市场。

在编制"面包定价表"时，哥白尼本着公正、合理的宗旨，也就是说他既要为居民着想，尽可能压低面包价格，又要使面包匠有适当的收入。

哥白尼作为神甫会财产的管理人，是一位好管家。他不仅为神甫会服务，也用自己的智慧和劳动为贫苦人民服务，从中可以发现他对贫苦人民的一片同情之心。因此贫苦人民是尊崇他的，他们把哥白尼看作自己的庇护者和代言人。

哥白尼是多才多艺的人，不管是在天文学、医学还是法学，以及在经济学和行政管理上，他都有着出色表现。

文艺复兴时期的杰出代表们大都多才多艺，德才兼备。哥白尼也正是凭借着在天文学上的优秀表现，成为众多璀璨明星中最为耀眼的一颗。

# 显示军事指挥才能

哥白尼在奥尔什丁地区管理经济事务时期，正是波兰同十字骑士团矛盾加剧之时，以瓦尔米亚主教和神甫会为一方，以十字骑士团为另一方不断发生误会和冲突。

哥白尼管理的地区同骑士团国家直接接壤，边界闹事和冲突事件不少，给哥白尼带来很多麻烦。来自骑士团方面的威胁，妨碍了经济的协调发展。

1517 年，一个听命于骑士团的强盗塞巴斯蒂安·格劳辛因在瓦尔米亚大肆抢劫，被神甫会抓获。这就使当地的矛盾激化起来，甚至导致瓦尔米亚同骑士团国家于 1517 年 9 月 29 日中止了贸易往来。

骑士团当局明显支持和纵容武装强盗在瓦尔米亚领土上从事抢劫活动。强盗们得到骑士团的支持，更加大胆，更加肆无忌惮，不断蹂躏手无寸铁的居民，使边界居民遭受到重大损失。

1517 年 8 月，十字骑士团纵火焚烧了皮耶宁日诺市郊附近的两个村庄，后来又在布拉涅沃郊区纵火烧毁大片民房。瓦尔米亚行政管理人自己也不止一次遇到毗邻地区骑士团办事人员的挑衅活动。

1517 年 3 月，骑士团的人和神甫会的人就帕斯文克界河捕鱼权问题发生了争执。骑士团方面的一个人在捕鱼时被逮住，关进了奥尔什丁城堡。

这成了骑士团人攻击神甫会的又一口实。后来，又因为森林砍伐问题，使双方的矛盾日趋白热化。

1519 年，硝烟弥漫，火光连天。十字骑士团与波兰的关系日趋恶化，而这场战争的主战场就在哥白尼所在的瓦尔米亚地区。哥白尼义无反顾地站到了第一线。

十字骑士团的袭扰活动越来越频繁，他们所到之处，不放过任何人和任何目标，连教堂也成了他们的抢劫对象。

神甫会向波兰国王汇报了边界紧张的状态，国王齐格蒙特·斯塔雷给主教派来了40名骑兵助战。

起初，国王曾试图劝说自己的外甥——敌视波兰的十字骑士团大首领阿尔布雷希特——放弃战争冒险行动。但当他意识到会谈不会有多大结果时，便开始了备战活动。

当阿尔布雷希特开始对国王的和平倡议置若罔闻、不予理睬的时候，波兰国王说道："现在一切都靠边站，我要解决这个普鲁士问题。我决不退让，哪怕赴汤蹈火也在所不辞。"

1520年1月，十字骑士团对弗龙堡发起了武装进攻，指挥官策马叫嚣道："摧毁这个巢穴，以便在整个夏天不会再有任何一只鸟来这里做窝！"

战事越来越频繁，一场大战已经必不可免。神甫们都纷纷离开弗龙堡，逃到没有战争危险的地方去了。

神甫会成员中只剩下哥白尼一个人还留在弗龙堡。当时还没有大炮，十字骑士团无法越过大教堂的围墙，于是他们就纵火焚毁城市和围墙外面的神甫住宅。

敌人所侵掠的地方，遍地烽火，尸骸狼藉，百姓流离失所，苦不堪言。哥白尼顶住了十字骑士团对弗龙堡发动的攻击，但因为他的家已被焚毁，也不得不离开这里，前往奥尔什丁城。

在奥尔什丁城，他作出了巨大的努力，义愤填膺地为与十字骑士团战斗积极做好备战工作。战争期间，哥白尼坚定地站在波兰一边，忠实地继承了与十字军骑士斗争的家族传统。

1520年11月8日，当瓦尔米亚和奥尔什丁的命运处在最困难的时刻，神甫会财产管理人的职务交到哥白尼手中。

这多半是因为哥白尼以往在行政管理工作中取得了丰富的经验，并且在和十字军骑士团的斗争中表现出的勇敢精神和坚定的立场，促使神甫会作出了这一决定。

于是，哥白尼不仅成了经济管理人，也成为坚守瓦尔米亚南部这个最重要据点的军事指挥者。这次的经历对哥白尼来说，是一个将理论付诸实践的机会。

哥白尼积极组织奥尔什丁城堡的防御，并利用自己所学的力学、工程工艺学知识，投入战斗实践。

在哥白尼的领导下，奥尔什丁城的人们筑起了工事，加强防御。2月中旬，哥白尼从埃尔布隆格调来了防御武器和设备，其中包括17杆火绳枪。

尽管是第一次真正投身战争，但哥白尼已经显示出他作为一名军事指挥者的才干。哥白尼深知，如果没有波兰军队援助，奥尔什丁城堡经不起十字军骑士团的长期围困和进攻。

1520年11月16日，哥白尼亲自给国王齐格蒙特·斯塔雷写了一封求援信，要求增加军队支援。

> 最圣明的君主大人陛下：
>
> 我们渴望最忠实地为神圣的陛下效劳。昨天傍晚，陛下的敌人侵占了奥尔什丁城。奥尔什丁城本来有着很好的防御围墙，但终因守城将士不足而失守。
>
> 同样的情况也使我们有理由感到不安，因为对付这种进攻，我们没有足够力量。敌人已近在咫尺，我们担心的是，不久我们也将被包围。同我们在一起的尊贵的帕维尔·多卢斯基大人只有100名士兵。
>
> 几天前，他根据我们的要求给陛下派到利兹巴克的司令官雅库布·森齐格涅夫斯基大人写了一封信，请他给我们多

派一些人来。奥尔什丁城的人也提出过这种请求。

他回答说，他的人太少了，不能再增派人。我们清楚，利兹巴克本身也受到威胁，整个瓦尔米亚主教区都处在威胁之中。

为此，我真诚地向陛下请求，请陛下尽快派援兵来，给我们以有效的支持。

因为我们渴望竭尽全力做高贵和正直的人应该做的一切，恪尽职守，毫无保留地为陛下献身，哪怕牺牲也在所不辞。我们的全部财产和我们自己都指望仰仗陛下的关怀。

陛下最忠实的仆人，瓦尔米亚神甫会和神甫
1520 年 11 月 16 日于奥尔什丁

可惜的是，这封十万火急的求救信没能够如愿送达波兰国王的手中，在那个烽火连天的战争年代，信使才刚刚出城，就已经被十字军骑士团给俘获了。所以，这封信至今保留在十字骑士团的文献馆里。

当十字军骑士团的指挥官看了这封信，气恼万分。他知道，哥白尼是忠诚的波兰公民，是十字骑士团的敌人，同 13 年战争期间他祖父的立场完全一样。

多数神甫由于担心奥尔什丁要塞一旦被十字骑士团攻破，会遭到残酷镇压，所以都提前离开了奥尔什丁。岗位上只剩下了哥白尼和亨里希·施内伦贝格神甫两人。施内伦贝格神甫也是托伦人。

哥白尼同守卫奥尔什丁城堡的波兰指挥官进行了紧密的合作，从未听说过他们之间发生过什么争吵和误解。守住城市和城堡并把敌人驱逐出瓦尔米亚的共同愿望把所有人联系在一起了。

他俩共同与守卫奥尔什丁城堡的波兰指挥官密切协作，与十字骑士团对峙了 3 年的时光。

哥白尼在防御工作中表现出了很大的主动性。他不是消极等待国王增援，也不是仅仅指望职业军人。他一直同为解决奥尔什丁必要防御器材供应问题而待在埃尔布隆格的扬·斯库尔泰蒂副主教保持书信联系。

在战火暂时停息的日子里，哥白尼仍没有忘记他的天文学的研究工作。他在奥尔什丁的哨塔上布置了一座简单的观测台，虽然它比不上弗龙堡的箭楼天台，但在哥白尼的天文观测中，仍起了重要的作用。

哥白尼在奥尔什丁城堡留下了大量的天文学观测的痕迹。1802年，有学者在围廊下面的墙壁中发现了哥白尼制作的一块长705厘米、宽140厘米的天文观测记录板。

据学者们推算，这块记录板是1519年制成的，这是哥白尼观测和研究地球轨道不均衡时所使用的。

哥白尼在奥尔什丁观测二分点，即春分和秋分时，显然是为了确定和计算出当时所使用的儒略历同实际情况的差距。这些观测工作都与当时的历法改革工作有关。

1517年，哥白尼从弗龙堡来到奥尔什丁时，未能带上所有的天文观测仪器。尽管如此，他并不想中断已经开始的研究和观测工作。为此，他才制作了这块测定二分点时刻必不可少的记录板。

哥白尼选择了西南方向上的一面墙来制作这块记录板。这块墙面被围廊遮掩着，他在顶棚上钻了一个小孔，阳光透过这个小孔射到墙板上。他每5天观测一次阳光在墙上移动的路线，并在墙板上标出来。二分点时刻是主要的观测对象，同时也是做深入观测的出发点。

尽管哥白尼所担任的行政职务有许多事情要处理，但是每到观测日，他大多就不再外出，而是守在这个小小的观测点上进行观测。他对观测时间和外出时间的安排表明，十次去外地公出只有两次和他的天文观测相冲突。

1521 年的新年刚过，十字骑士团统领就率领一支由 6000 名步兵、800 名重骑兵和 600 名轻骑兵以及炮兵组成的部队，突然出动，经过布拉涅沃和奥尔内塔，于 1 月 11 日到达奥尔什丁城附近。

1521 年 1 月 13 日，十字骑士团突然向奥尔什丁发起了进攻。哥白尼和守卫城堡的人奋勇抗敌，打退了敌人的进攻。

当时的记载为我们描述了十字骑士团的进军情景："大首领在耶焦拉内城没有得到任何好处，遂命令把这座可怜的城市焚毁。由于雨下得太大，无法进攻巴尔切沃城，只是试探性地放了一炮，看看该城居民是否愿意投降，结果是枉费心机。离开这里以后，部队朝奥尔什丁方向开拔。花费的努力没有给大首领带来任何好处，有 7 个村庄被他毁于一炬。"

显然，实际破坏远比这大得多，沿途经过的地方都遭到骑士团的洗劫。他们想通过恐怖和恫吓手段来迫使瓦尔米亚投降。

十字骑士团统领给奥尔什丁城人民写了一封信，要求该城立刻投降，并威胁说，不投降就要把它彻底化为灰烬。然而，守卫者不但没有被威胁吓倒，反而加强了防御准备。

1 月 26 日晚上，十字骑士团又一次向奥尔什丁发起进攻，妄想用突袭的办法攻占该城。十字骑士团曾一度攻破城墙上的一个角门，但很快又被守卫者击退了。守卫者知道，这是敌人进行的一次试探性战斗，很快就会发起全面攻击。

作为波兰最高司令的国王，以及各地区的主教和神甫们，都为自己的财宝感到担忧，他们睁大眼睛盯着奥尔什丁，关心着那里的战事。

2 月初，卢兹扬斯基主教给奥尔什丁的神甫，也就是给哥白尼和施内伦贝格写信，要他们坚守住，不要害怕敌人，如果没人叛变的话，敌人拿不下城市。

哥白尼没有过分相信主教的乐观预测，为奥尔什丁调进了大批武

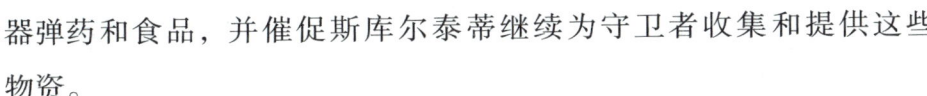

器弹药和食品，并催促斯库尔泰蒂继续为守卫者收集和提供这些物资。

骑士团重重包围了奥尔什丁。哥白尼登上城堡，亲自布置防务，指挥战斗。

一天、两天、三天过去了，奥尔什丁依旧岿然不动。气急败坏的骑士团统帅霍亨卓伦大公命令士兵："用燃烧弹攻城！"

随着呼啸的炮弹轰响声，城头多处着火了！

"大家不要慌张，把牛皮用水蘸湿，捂住燃烧弹。"

面对着敌人的凶猛进攻，哥白尼临危不乱，果断下令。数百名战士用准备好的数百张浸湿的牛皮，扑向火头，火焰很快就被扑灭了。

"该死的哥白尼！我们逮住他，一定要狠狠地惩罚他！"

霍亨卓伦大公气急败坏地吼叫着，挥舞起手中的指挥刀，重重地砍断了一棵小树。

"准备好武器弹药，为了保卫奥尔什丁城堡，我们要决一死战，决不后退。"哥白尼更加振奋地鼓舞士兵一致抗敌。

斯库尔泰蒂对哥白尼的勇气真心地表示钦佩，他这样写道："最后我要对最了不起的您在困难和危险时期所付出的巨大努力表示感

谢。您在那里恪尽职守，耐心地经受着困难和危险的考验。我真诚地请求您保持乐观，放宽心地坚持下去。您将得到上帝的报答和人们的赞扬。"

信还没有看完，敌人又进攻了。哥白尼命令炮兵反击，士兵们早

就恨透了骑士团那帮无恶不作的魔鬼，都咬破嘴唇狠狠地把敌人打得失魂落魄，溃不成军。

接着，哥白尼又下令守卫军出城追击。战士们放下城门的吊桥，跨过护城沟，勇猛地追击。敌人在田野里、大路上横尸遍地。守卫军们穷追不舍，直到把敌人赶过了维纳河以西。

而这个时候，十字骑士团的部队内部也正经历严重的危机。军队损失惨重，但却没取得比较大的胜利，这在骑士团士兵和雇佣军中引起不满，出现骚动。这种骚动随时可能演变为士兵暴动。

十字骑士团的士兵谩骂大首领，雇佣士兵要求发放拖欠的军饷，甚至把事先发饷作为开始包围或发起进攻的条件。

结果，大首领阿尔布雷希特中途返回了克鲁莱维茨，因为他觉得在那里要比待在自己的军队中更加安全。

1521 年 3 月 26 日，骑士团停止了战争行动，4 月 5 日双方达成了所谓的托伦妥协，战争结束。

奥尔什丁保卫战获得了全胜。

哥白尼真不愧是一个天才，他在军事上的天分在这一场战争中表现无遗。更加重要的是，哥白尼具有不畏强权的优良品德，面对着十字军这样穷凶极恶的恶势力，哥白尼依旧没有妥协。

哥白尼相信，正义的、进步的力量一定能够战胜邪恶的、顽固的恶势力，今天他能够打退穷凶极恶的十字骑士团，那么明天，他所信奉的真理日心说也一定能够战胜教会的黑暗势力，科学的时代必将来临！

# 晚年成就

如果痛苦换来的是结识真理、坚持真理，就应自觉地欣然承受，那时，也只有那时，痛苦才将化为幸福。

—— 哥白尼

# 学说遭受冷嘲热讽

1531 年以后，哥白尼终于逐渐摆脱了从事多年的公共服务工作，终于有了较多的时间从事自己所喜爱的科学活动了。他更加勤奋地观测天象，更忙于天文学手稿的润色修订。

1533 年一天的夜晚，下弦月还没有升起，繁星满天，一颗一颗像撒在蓝色幕布上的碎银晶莹透亮，忽闪忽闪的，活像顽童的眼睛，蕴藏着深奥莫测的秘密。

哥白尼像是这神秘世界中的一员，他透过高高屹立的"观象仪"，转动不同的角度，寻找着即将出现的大彗星。

突然，它来了，像是一颗天外星，与行星背道而驰，迅疾而来；它很美，像拖着尾巴的银色孔雀，铺天盖地地斜着飞过天空。

此时此刻，是哥白尼最兴奋、最幸福、最神往的时候。然而，他并非完全是欣赏，更多的是研究：这颗拖着椭圆形长尾巴的彗星为什么与行星运动的方向相反呢？

哥白尼苦苦地思索着，旋即写下了一篇有关这颗彗星研究的论文。可惜的是，这篇论文没有流传下来。

哥白尼的中青年时代在学习和紧张的公务活动中结束了，现在已经接近了老年。

以前他是受舅舅照顾的、神甫会中最年轻的神甫。然而，现在舅舅早已不在人世，自己的老同学和老同事也越来越少了，其中许多人已经谢世，另外一些人则取得了很高的教会职务。

哥白尼虽然属神甫会中年事最高的长者和任职时间最长的人，但仍然只是一位普通神甫。

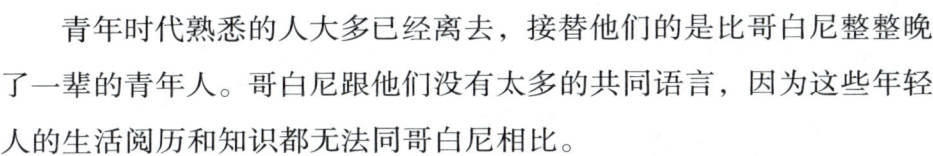

青年时代熟悉的人大多已经离去，接替他们的是比哥白尼整整晚了一辈的青年人。哥白尼跟他们没有太多的共同语言，因为这些年轻人的生活阅历和知识都无法同哥白尼相比。

哥白尼的晚年是孤寂的，他像是走进了一条死胡同，越往前走，越闭塞，越发失去了生活的情趣。甚至连同自己一道来分享发现的朋友也没有，他的心像结了冰似的寒冷。而当时瓦尔米亚已进入一个不利于发明和发现的时期。

在哥白尼酝酿着一个新理论的时候，他身边的世界也正在经历一场变革。

在16世纪的西方发生过一次历史性的大动乱，新教徒所发动的宗教改革打破了天主教会在精神和政治方面的统一。

在意大利以北的一些国家里，一个旨在改革宗教的思想运动正在兴起，后来发展到反对教会、教皇及其整个统治系统。

这场宗教改革运动是德国威丁堡教授马丁·路德发起的。马丁·路德谴责教会从事的赎罪券交易，将矛头直指梵蒂冈，否定主教会议的绝对正确性和教皇的权威，要求取消宗教等级制度。

现在看来，那次宗教改革的意义，在于把社会向着近代社会的世俗化推进了一大步，也就是说，管理社会的职权从教会的手中创造性地转移到了世俗政府手中。

也正是这场宗教改革建议，引发了一场旷日持久而且常常导致流血的宗教斗争。正是那些宗教斗争把欧洲拖入了"三十年战争"，并一直持续到哥白尼死后100年。

近代意义上的科学革命就是在那次宗教改革的背景下展开的，其中的许多关键人物，如开普勒、伽利略、笛卡儿和牛顿，都曾受到神学骚乱中所争论的那些宗教问题的深刻影响。

哥白尼的学说在欧洲越传越广，影响越来越大，自然也传到了当时欧洲宗教界最有影响的人物马丁·路德的耳朵。但对路德教来说，哥白尼的学说也同对罗马天主教一样，是危险的。他对哥白尼的学生充满了非议。

路德曾经这样写道：

有人提到一位新的天文学家，说他想证明：不是太空或天，太阳和月亮，而是地球在动，在转圈子。现在的事儿就是这样，谁想当聪明人，谁就得出点儿特殊的东西来，而且又一定是最好的！

这个蠢人想把全部天文学颠倒过来。然而，正如《圣经》所指出，约书亚命令太阳，而不是地球，停止不动。

路德的看法传到了哥白尼的耳朵里，他苦心研究的天文科学得不到社会的认可，就像他的孩子是个畸形儿一般，要被人们唾弃，他心里的滋味真是苦若黄连。

然而，事情并没有就此终止，更令哥白尼难堪痛心的事，则是狂欢节上发生的一幕闹剧。

1531 年 2 月 19 日，路德教信徒们在狂欢节化装舞会上嘲笑了教皇、红衣主教、主教、神甫以及其他一些神职人员。

费贝尔主教在狂欢者行列中看到了影射自己的丑角形象，那是一个穿着主教服装滑稽可笑的人，在大街上边走边散发用来宽恕堕落和凶杀行为的赎罪券。

行列中还有一个打扮成弗龙堡神甫模样的人在装腔作势地宣称，他是一位新的星占学家，他定住了太阳，转动了地球。

这番表演在聚拢来的闲客中引起阵阵哄笑。然而，这起小小闹剧只不过是哥白尼年老时将要遇到的一系列痛心事中的一件而已。

此后的许多年中愚昧人的嘲笑声一直伴随着哥白尼。一些对哥白尼不友好的人因这位智慧超过他们的人被嘲笑而感到幸灾乐祸。

路德教信徒没有能力妨碍哥白尼，但天主教的权贵们却能够把哥白尼置于被告席上，并对他进行严厉审判。

身为神职人员的哥白尼，并不为名利所动，他从不为争取主教的职位而努力，也不热衷于神甫会中的其他重要职务。在告别公务之后，他唯一的心愿就是把自己热衷的天文学事业进行到底。

哥白尼早期著作的抄本已在整个欧洲流传，但只有为数很少的朋友了解他所写的巨著具有划时代意义。但哥白尼并不急于出版这部耗费他无数心血的著作。

哥白尼充分估计到发表这部标新立异的著作所冒的风险。他永远不能忘记 1506 年从意大利归国时，亲眼目睹的悲惨情形：宗教裁判所惩罚异教徒所用的手段之残忍，令人不寒而栗。

在哥白尼的一生中，波兰境内至少进行过 300 次以上的宗教裁判活动。

13 世纪时一位通晓天文学的西班牙卡斯提腊国王阿尔芳斯感到托勒密的体系太复杂了，曾说了一句："上帝创造世界的时候，要是向我征求意见的话，天上的秩序可能安排得更好些。"

结果仅仅因为这句话，西班牙国王便被指控为异教徒，被教会从王位上革除了。

对于表现新思想的书籍，教会控制得特别严。早在哥白尼留学意大利的时候，教皇亚历山大六世就重新颁布了"圣谕"，禁止印行未经教会审查的书籍，发现可疑的书籍一律焚毁。

哥白尼估计到，这样的惩罚完全可能降临到他的头上。在做好一切准备之前，哥白尼不想做无谓的牺牲。况且，他还有一些理论需要更精确的数据来证明，又怎么能够冒险呢？

# 晚年获得少女真爱

在哥白尼的故乡托伦市，有一个远房亲戚马切伊·希林。他是一名贵族后裔，也是文艺复兴时代最杰出的设计和雕刻币章图案的巨匠之一。

最重要的是，他和哥白尼是从小相伴的好友，他们小时候经常一起去河边看轮船，钓鱼，抓泥鳅。

童年的时候，哥白尼家中突然遭遇变故，父母双亡。不幸的小哥白尼不得不跟随舅舅离开了托伦，他和希林也就从那个时候开始，分离两地。

但是两个要好的伙伴还是保持着书信的往来，时常联系。哪怕是留学，哪怕是战争，也都未能切断他们之间深厚的友谊。

从希林的信中，哥白尼知道了家乡正在发生翻天覆地的变化。

托伦，这个美丽的城市变得更加发达了。

1525 年，哥白尼因为货币改革问题，回了一次家乡。

他在波属普鲁士贵族代表大会上侃侃而谈，阐述了自己对于当时货币状况的观点，不知有多少人被他的才华所倾倒。

在货币改革的问题上，哥白尼和希林简直是一拍即合，那就是要使货币改革的虚与实结合起来。

从此以后，两个人的关系变得更加密切了，哥白尼常在希林家做客畅谈。

来到希林家豪华的宅第，就看见小洋楼的大门的廊檐下镶嵌着一枚精致的家族族徽。那金黄的圆环环绕着碧绿的三叶常青藤，在太阳光的辉映下，反射着清新而夺目的光华。

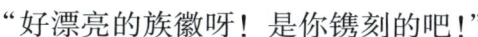

"好漂亮的族徽呀！是你镌刻的吧！"

哥白尼兴趣广泛，性格豪放，看见那代表生命的常青藤被表示团结的圆环所环抱的族徽，禁不住称赞起来。

"图案是祖上流传下来的，搬来时我重新制作的。"希林介绍道。

他们走进客厅，就见到了美丽的安娜·希林，她是希林的女儿。这是一个中等个头，拥有一副小巧玲珑的身躯，颇为优雅的女孩。

金黄色的鬈发，高高地在安娜·希林的脑后盘成一个髻。那光润的鸭蛋脸上，嵌着一对宛若深潭般蓝色的眼眸，在长长睫毛的点缀下，给人以幽深、梦幻般的联想。

那微翘的鼻子，秀气的樱唇以及尖尖的下巴，都充满了女性的魅力。她是惹人注目的，显得端庄而颇有风度。

可奇怪的是，安娜都已经25岁了，还是不肯嫁人。父亲希林每次和他说起这件事情的时候，安娜都是躲躲闪闪，加以回避。

实际上，托伦市的年轻小伙子并不少，去追安娜的更是组成了一个加强连，但是谁也打动不了这位美丽小姐的芳心。

在安娜青春的心中，藏着一个谁也不知道的秘密：她喜欢上的，恰恰就是和父亲同辈的好友哥白尼。

因为母亲早逝，安娜又不敢把自己的这个想法告诉父亲，所以谁也不知道这个年轻小姑娘的心意。

一开始的时候，安娜并不认识哥白尼，每一次哥白尼或其他男人来访的时候，安娜都是回避到闺房里。

渐渐地哥白尼成了她家里的常客，她被哥白尼身上那种内在的男性魅力所吸引，更为他的德行和才学而倾倒。

安娜对哥白尼简直崇拜到了极点。哥白尼就像是琴弦一般，拨动了她沉寂了多年的心。

第一次见到哥白尼的时候，安娜就为哥白尼渊博的知识、儒雅的谈吐和高贵的气质所倾倒。安娜知道，她内心深深地爱上了这位优雅的绅士。

每一次父亲和哥白尼聚在一起谈论宗教，谈论货币，谈论天文地理的时候，安娜总是喜欢站在一边，静静地聆听。

虽然政治经济类充满知识性的话题，很难引起女人的兴趣，可安娜就是爱听。

也许他们谈话的内容并不重要，重要的是只要能够看见哥白尼，听到他圆润而响亮的声音就足够了。

安娜从未体验过爱情，直到见了哥白尼，她才觉得眼前一亮。

每当哥白尼看她时，她就感到一阵战栗，有时琢磨了几天的话，在与他交谈时自己总感觉前言不搭后语。

"这是怎么了，就像是中了魔，是不是一见钟情呢？"

安娜对哥白尼钟情不已，但是哥白尼对安娜却没有什么感觉。也许是由于年长一辈，也许是由于神甫的身份，也许是渊博的学识，总之在开始的时候，哥白尼对安娜这个女子并未注意。

只是有时无意中发现这个女子眼中优雅的气质，她对天文学的关注，以及对他日益增多的关心，才使他对安娜发生了好感。

"哥白尼，你现在也是德高望重的名人了，怎么不考虑成家呢？"

希林作为哥白尼的老朋友，对于他的生活还是十分关心的。

"这说的是什么话，我可是一名神职人员。"哥白尼脱口回答说。

希林不置可否地说道：

"神职人员怎么了，现在的神职人员你又不是不知道，娶妻生子那是常事。再者说，你只是一个普通神甫，神甫会对你的要求不会那么严格的。"

哥白尼的思想还是比较传统的，他再一次拒绝了好友的善意，说：

"那也不行，我年纪都这么大了，哪里还能够再想这方面的事情？！你的好意我心领了。"

希林看着哥白尼，关心地说：

"是呀，一眨眼我们年纪都大了。兄弟，你的生活怎么办呢？你平时工作那么忙，年轻的时候无所谓，可是现在我们都老了，没有一个人照顾自己，怎么能度过晚年呢？"

哥白尼心中一叹，他已经是一个50多岁的老人了，当然也希望在孤寂的生活中，有人陪伴他说说话，进行交流；也愿意有人来照顾他的生活，让他有多一点的时间来从事天文研究。

哥白尼说道：

"哎！并非我不想雇用一个人，而是想要找到一个信得过的人，难呀！"

是的，哥白尼并非不想找一个人照顾自己，他最关心的是人选问题。哥白尼现在从事的《天体运行论》，对于教会来说是一个非常危险的存在，如果佣人不是信得过的人，那么一旦这本书的手稿被流传出去，对于哥白尼来说，可就是人生末路了。

"那你觉得我的女儿安娜怎么样？这孩子从小就乖巧，而且她对于天文学也有着浓厚的兴趣。就让她去给你烧饭，洗洗衣服，料理一下家务吧。"

"安娜肯定会是称职的管家，只是这样是不是委屈了她这名门闺秀呢？况且，还会有流言蜚语的。我倒不怕什么，她一个女子，受得了吗？"哥白尼有些担忧地推辞说。

正说着，安娜从外边走了进来，在摇曳的烛光照耀下，她的脸色像大理石雕像一般，白润而坚定。她款款地面带几分羞涩说：

"为了您光辉的事业，我愿意为您作出牺牲。也许我为社会所不容，但我自认为这种付出是我生命中最有意义的事。"

那音调如流淌的小溪，可是在哥白尼的耳中却轰响如雷。他深深地被这个娇小的女子感动了，在真挚的感情面前，他怎么能懦弱退缩？

　　哥白尼的心被激荡了，像微微颤抖的琴弦，又弹出了高远的旋律。盛情难却之下，哥白尼也不好推辞，他坚定了自己的信心：

　　"那好！让我们一起来对付外界的压力吧！我先回去准备一下，你过几天再来。"

　　为了安娜这个坚强的女孩子，哥白尼决定付出自己全部的力量，也要给予她幸福。

　　为了科学，为了爱情，哥白尼勇敢地打破世俗的禁锢，去迎接生命的太阳！

# 幸福走进婚姻殿堂

作为一名普通人，放手去追求爱情，获得幸福，是一件值得称赞和羡慕的事情。哥白尼身为一名天文学家，自然懂得爱情的珍贵。

面对着迟来20年的恋情，哥白尼放开了自己的胸怀，哪怕前面是一个火坑，他也不顾一切地纵身跳下去。

哥白尼怀着喜悦心情回到了弗龙堡。这次回来和往常不一样，他觉得自己的身躯里渐渐地充满了活力，心里不时地显现出安娜那坚定而柔情的面孔。

哥白尼精心为安娜准备了房间，重新布置了家具，怀着喜悦的心情等待着她的到来。

在等待安娜到来的这一段日子里，哥白尼专心地编写《天体运行论》。不知道是不是因为有了安娜这个女孩的缘故，这一次哥白尼思路清晰，下笔如行云流水，进展得十分顺利。

哥白尼在笔记本的空白边角上画下了常青藤盘绕的圆环，他的绘画技术很好，将希林家族的贵族徽章描绘得栩栩如生。

看着那几个希林家的族徽，他不禁笑起自己来，怎么老了心里倒升起了彩虹，令自己眩晕，令自己神往呢？

几天以后，安娜犹如女神般地走进了弗龙堡。她光辉四射，辉映得城堡更增添了几分娇柔妩媚的美感。

安娜是个能干的女管家，她很快就熟悉了弗龙堡中的一切。自从家里有了安娜以后，哥白尼的生活简直换了一个模样，在她的指挥管理下，不几天，城堡就收拾得井然有序了。

安娜把哥白尼照顾得无微不至，哥白尼衣食不愁，专心地投入了他的研究工作。他已鬓发染霜，但仍不停歇地查阅资料，伏案疾书。

羽毛笔尖秃了，安娜坐在他身边细心地帮他削着。时而，她抬起头来，注视着哥白尼思忖、写字时那专注的神态，陶醉不已。

哥白尼总是专心写书，写累的时候，他就抬起头来，望着一脸专注于自己的安娜，两人会心地相视一笑，心中充满了甜蜜的感情。

安娜爱哥白尼，也爱他倾心的天文科学。她知道这些观点是为教会所不容的，所以，她细心严密地将他的资料保存好。

晚年的哥白尼因为失去了诸多亲友，变得十分孤独。自从拥有了安娜，人也变得更加精神了，而且他的思想也能和安娜一起分享，安娜也总是很懂事地静静聆听。

"这一卷记录了日食、月食、火星冲日、黄赤交角、春分点移动等近二三十种天文观测情况。托勒密认为地球是宇宙的中心，我认为这个说法是不正确的。

"我的看法是太阳是宇宙的中心，地球不是，地球只是围绕太阳运转的一颗普通的行星。所有的行星都是以太阳为中心运行的。

"地球本身也不是静止的，而是在自转。月球是地球的卫星，它绕地球运行一圈为一个月。

"火星、木星等行星在天空运转，有时顺行，有时逆行。并不是它们的行动奇特，行踪诡秘，而是火星、木星和地球一起各自按自己的轨道绕太阳运动的缘故。"

哥白尼站在窗前，指点着天幕上的星辰，那如水的月光，那宛若宝石的星宿，那犹如透

明白纱带般的银河，都给他带来了安慰，带来了喜悦，带来了幸福。

安娜依偎在哥白尼的胸前，他们感觉自己也像是融进了天宇，变成了一颗闪亮的星。

"安娜，你知道我为什么要那么努力地寻找天空的秘密吗？"

"不知道。亲爱的，你能告诉我吗？"安娜一脸痴情地说。

"当然可以了。在我很小的时候，我就喜欢看天上的星星，那个时候就觉得天空很神秘。在我10岁的时候，我父亲和母亲都因为疾病而死了，神甫说那是因为天上星星的缘故。"

说到这里，哥白尼停顿了一下，他下意识地将安娜抱紧了一些，继续说："那个时候，我就下定决心，一定要找出天空的秘密。我要将愚昧的观点彻底扫除。"

安娜紧紧地抱住哥白尼，问道："可是，亲爱的，占星学不也是研究天文的吗？再说占星学也很赚钱，你为什么不研究占星学呢？"

哥白尼松开了安娜，他一脸严肃地看着安娜的眼睛说："如果你走到了十字路口，前方有两条路，一条是宽敞的大道，通向的却是地狱，一条是坎坷的小路，最终到达天堂，你会选择哪一条呢？"

"肯定是第二条呀。"安娜想都不想地回答说。

"天文学就是这坎坷的第二条路，所以我一直沿着它走了下去。"

"我明白了，亲爱的。不管这条路会有多么的坎坷，我都会陪着你一直走下去的。我们一定会到达圣洁的天堂。"

安娜的话让哥白尼十分感动：好一个善解人意的女孩子！哥白尼又不由自主地将安娜紧紧抱在了怀中。

怀抱着安娜，哥白尼又体味到幸福、满足和愉悦的感觉。他像是开始了新的生命，找到了又一个自己。

可是，他心中隐隐地感到了一阵担忧：自己毕竟是一个神甫，就这么公然和安娜相处，教会又会是什么样的态度呢？

# 无可奈何的结局

哥白尼的感觉是敏锐的，当他选择和安娜在一起的时候，就已经考虑到了两人惊世骇俗的恋情所需要承担的后果。

果不其然，哥白尼和安娜的幸福日子还没有过上多久，教会就出手干涉了。

1533 年瓦尔米亚主教改选，格但斯克啤酒酿造工的儿子丹蒂谢克被选做主教。

丹蒂谢克知道，哥白尼当初是不支持他当选的，于是一旦大权在握，便开始报复他和以前妨碍他当主教的人。

哥白尼深知新主教的为人，因此从一开始他就非常小心地与他周旋。他很有礼貌地回答丹蒂谢克的每次来信，不让自己流露一丝轻视主教的迹象。

哥白尼知道主教经常与他通信，是想从他那儿了解一些最新的消息，因此他总是将自己听到的那种消息转达给主教听。

这样一来，双方之间的关系也就渐渐地缓和了下来，丹蒂谢克曾经多次请哥白尼治病，也曾经几次邀请哥白尼陪同自己一起视察神甫会的财产。

可是就在这个时候，他和哥白尼又发生了一次剧烈的冲突。

哥白尼有一个好朋友叫斯库尔泰蒂。他们曾是亲密的合作者，一起绘制了波罗的海沿岸、利弗兰地区的地图。

丹蒂谢克怀疑斯库尔泰蒂在选举前曾向教皇说过他的坏话，因此便设法收集各种材料诬陷他。

丹蒂谢克心胸十分狭小，他还无理地要求瓦尔米亚所有神甫同斯库尔泰蒂断绝来往，并特意叫人提醒哥白尼，让哥白尼知道他同斯库尔泰蒂的友谊可能对他自己有害。

哥白尼的忍耐是有限度的，他对丹蒂谢克的逢迎是有原则的。丹蒂谢克的无理要求使哥白尼很愤怒，他当时毅然宣布，自己不想这样做，因为他"尊重斯库尔泰蒂胜过许多其他人"。

就这样，哥白尼得罪了丹蒂谢克。但他万万没有想到会因此失掉了安娜。

也就是因为这个原因，丹蒂谢克总是阴冷冷地盯着哥白尼的一举一动，而有一次终于让他找到了报复哥白尼的机会。

丹蒂谢克主教把哥白尼叫到了教堂，对他说道："哥白尼，你的舅舅是我们瓦尔米亚地区德高望重的主教，你是他一手培养起来的神甫，又住在他的城堡里。你就应该明白我们的教规，不做有损于教会声誉的事情才好。"

丹蒂谢克主教不仅用绵里藏针的语言戳痛了哥白尼，而且还四处散布舆论，说哥白尼被一个可恶的女人给迷住了，和这个女人不干不净，有辱清规。

为了打击报复哥白尼，丹蒂谢克主教还给哥白尼的好朋友铁德曼·吉斯主教写了一封信。信中说：

听说杰出的、学识异常渊博的哥白尼先生直到现在一直享有很高声誉，闻名遐迩。他的多才多艺令人钦佩，普遍受到赞扬。

我们一直都很敬重他，像是爱亲生兄弟一样爱他。但哥白尼先生却在几乎是无能为力的老年时期，同自己的姘妇幽会。

这个女人心如毒蝎，她勾引了我们正直的哥白尼先生，企图陷害他，让我们的兄弟晚节不保。

我十分担忧哥白尼先生会一时不慎落入这个女人编制的骗局中。此外，教会讲究清誉，不会允许这样的丑陋事情发生。

阁下如果能用最友善的语言私下提醒他一下，使他停止这种丑事，那可真是阁下的一大善行。

如果阁下能使他做到这一点，就算替我做了一桩无与伦比的好事，这样我们俩就重新夺回了一个珍贵的兄弟。

另外，阁下在同他谈这些事儿的时候千万注意分寸，以便使他更加重视。同时也不要使他知道这是我对他的劝告，只让他知道这是你对他私生活的关心。切记。

铁德曼理解哥白尼的想法，他是一名天文学家，是搞科学的，是懂得人性，理解人的情感的。

对于丹蒂谢克主教的小人行径，他反倒是十分看不惯。不过站在好朋友的角度，铁德曼有义务将这件事情告诉哥白尼。

当然，哥白尼德高望重，铁德曼也真的害怕哥白尼会为这个女人而影响了自己的名望。

所以，铁德曼写了一封信给哥白尼，劝告说："丹蒂谢克真是爱管闲事！可是，哥白尼，你怎么办呢？你的事业，难道就让这些小人给毁了吗？我看，你还是让安娜离开你吧！你说是不是？"

丹蒂谢克主教不但给铁德曼写信，他还亲自找了弗龙堡教堂中与哥白尼关系非常好的费利克斯·赖希神甫，劝说他对哥白尼做说服工作。

赖希听了主教的话，摇了摇头，深深地叹口气说："主教大人，我明白您的好心。您是要拯救哥白尼的灵魂，这点我非常赞成您所持的立场。可是话说回来，如果你这样直截了当地跟哥白尼说明的话，我想这样会使他羞愧得无地自容的。"

赖希这样淡淡地说着，言语中透露着他对哥白尼深切的同情。

四方射来的子弹，撕裂着哥白尼的心，他的心在滴血。如果说不是《天体运行论》还没有完全定稿，他一定会不顾一切去和教会斗争，以争取幸福，同时他也不忍教会伤害自己心爱的安娜。

秋风萧瑟、月冷星稀的一天，哥白尼感到落叶在飘飞，灵魂游离于躯壳，他言不由衷地说："安娜，我保护不了你，不能让教会把我俩一起吞掉。我想，你还是先离开弗龙堡，出去避避风头吧。"

哥白尼心里当然十分清楚，他们这么一分手，就像是两颗遥远的星，只能天各一方，苦度残生，甚至可能连彼此发出的光芒也不会看见了。

可是，面对着咄咄逼人的阴冷主教，他们又有什么办法呢！

"是的，亲爱的，我明白你的处境。为了你能过得舒心些，不让他们来纠缠你，我可以离开。"

说到这里，安娜已泪流满面。她是重感情的女人，心中只载着哥白尼一个人的名字。现在的分手，就是生离死别，怎不让她柔肠寸断，哭干泪水。

可是，在安娜柔弱的外表下，她还具有一颗钢铁般坚强的心。

安娜的话让哥白尼心如刀割。他们在一起生活了六年时间，和安娜的感情已经十分深厚，他又怎么能够离得开安娜啊！

"要不，我还俗算了。如果不做这个神甫，他们就拿我没辙了。"哥白尼一狠心说出了这话。

安娜扑到哥白尼的怀里，抱住他的脖颈央求着说："不要！亲爱的，别做傻事！我们不做天上的星，遥遥相望；而要做天上的云，空中的风，有合有散，看上去散，无形中合，好么？我要定期看你，我不能失去你。"

"好！我答应。安娜，你应该知道，我又何尝不想见到你呢！"

很少流泪的哥白尼，也不由得眼圈红了。他知道安娜已经成了他

哥白尼·晚年成就

生命的一部分，安娜离去，他的生命必然会缩短。

于是，哥白尼和安娜相约，为了应付主教的监视，他们表面上分开了，安娜也搬出了哥白尼的家。

圣诞节到了，街道上张灯结彩，到处都充满了节日的喜悦气氛，孩子们欢快地玩弄着各种玩具，恋人们幸福地紧紧拥抱在一起。

而哥白尼的塔楼中却是冷冷清清，没有一点节日的气氛。他觉得自己很无能，很没用。他可以在天文学中任意遨游，但是到头来却连自己的女人都保护不了。

"亲爱的，我们虽然短暂地离开了，但是你一定要振作。《天体运行论》是你的根本，是你一生的心血所在，你可一定要好好修改，将它出版啊。"

安娜临走之时的话语永驻心中，往昔的情景又一次浮现眼前，哥白尼的眼角湿润了。他依偎在窗口，透过窗户，望向天空，他仿佛看到了安娜正在那里痴痴地笑着……

面对着教会的蛮横干涉，安娜天天以泪洗面，她觉得他们的命运就像大海上遇到狂风的小船，将不知搁浅在何方。

安娜愤恨、悲伤、痛苦，可是又无处申诉，心里像是有一团火，要把整个黑暗狰狞的世界烧尽。

可是，她一个弱女子，怎抵得过堂堂的教会主教大人呢？为了她的爱情，为了她所爱的人的事业，她乘上马车，掩面哭泣着离开了哥白尼。

安娜并没有立即离开弗龙堡，而是住在弗龙堡一个朋友的家里，她希望能够与哥白尼近些，可以常常看见他。

可是尽管两人住得不远，哥白尼却很少去探望安娜，因为丹蒂谢克派仆人监视着他们的一举一动。

有一次，在一个市场上，两人意外地相遇了。安娜喜出望外地迎上去，注视着哥白尼。

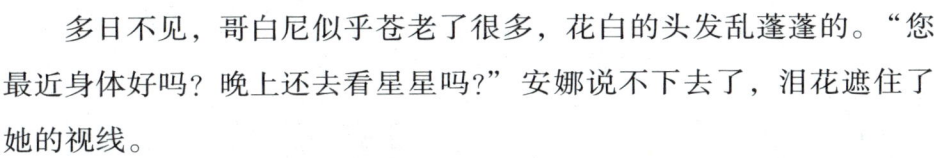

多日不见，哥白尼似乎苍老了很多，花白的头发乱蓬蓬的。"您最近身体好吗？晚上还去看星星吗？"安娜说不下去了，泪花遮住了她的视线。

这次见面很快传到了丹蒂谢克的耳朵里，他又让铁德曼去劝告哥白尼，并逼安娜离开了弗龙堡。

哥白尼形影孤单地在自己的房间里工作着，累了，他便在他看的书旁画几片常春藤的叶子。在这些叶子里倾注着他对安娜深深的怀念。

哥白尼的生命中有两大支柱，一个是安娜，另一个就是天文学。现在安娜已经被迫离去，哥白尼就只有把他全部的精力都用在《天体运行论》上了。

教会可以剥夺哥白尼的恋爱自由，但是不能禁锢哥白尼的思想，他要用自己的科学打破教会的专制统治，还世界一片太平。

# 难以忘怀的正直学生

在哥白尼光辉的一生中，曾结交过很多重要的朋友和亲人。其中对他影响最深刻，对世界天文学历史产生了巨大影响的人，却只有一个，那就是哥白尼的学生——雷蒂克。

雷蒂克同当时一些人文主义者一样，也有一个拉丁文的名字雷蒂克，这个名字源于他家乡的名字雷茨亚。现在，雷蒂克这个名字很多人都知道，而他的真名却鲜为人知。

雷蒂克之所以会成为哥白尼生命中唯一的一个学生，并不是偶然的。他不仅非常聪明，而且对事物总是有着自己独到的见解。

雷蒂克年仅 22 岁时，就已经在德国一个城市威丁堡当了数学和天文学教授。

他与当时一些宗教改革的领袖，即新教徒的领袖往来频繁，关系也非常密切。

当哥白尼在《浅说》中提出新的天文学理论时，雷蒂克才 25 岁。他对哥白尼的"日心说"有着浓厚的兴趣，这种理论的新颖和大胆使他折服。

因此，雷蒂克不顾路德对哥白尼的强烈不满，毅然决定要到哥白尼的身边去。他要去聆听和了解哥白尼新理论的心情那么的迫切。

1539 年，初夏时节，雷蒂克历经一个多月的辛苦路程，慕名来到了瓦尔米亚的神甫驻地。

当时瓦尔米亚主教已发出指令，严禁阅读和私藏路德教派的读物，违者要处以刑罚。而雷蒂克作为路德的友人，他的到来自然成为轰动弗龙堡的大事件。

有人在轻轻地敲门，哥白尼听到敲门声，先是愣了愣，他猜想：是谁来光顾这冷寂的书斋呢？

哥白尼慢慢地站起身来，给来访者开门。出乎他意料的是，走进来的是一个年约二十五六岁的青年人。

只见青年人一副风尘仆仆的样子，他手里拿着略显破旧的草帽，腋下夹着一把雨伞。不用问，打眼一看就知道他是远道而来的。

青年人以崇拜的眼神凝望了哥白尼一会儿，自我介绍道：

"您好！请原谅我的冒昧打扰。我是从德国来的，我叫雷蒂克。"

哥白尼想，这个年轻人不远千里辛苦地跑来，一定有什么重要的事情，就问道：

"年轻人，你是路过我这里，还是有什么重要的事情？"

"不，我是来拜您为师的。我拜读了老师的《浅说》，您的发现真是太奇妙了，只有天才才会有这样的创见。所以我特别崇拜您，想拜您为师。请您原谅我的冒昧。"

"看你的样子，年纪似乎不大。你是大学生吗？"

"不，我是威丁堡大学的教授，不是学生。"

雷蒂克的神情显出几分拘谨、腼腆和惶然，脸也红了。

"那篇文章嘛，可以说就是我即将完稿的《天体运行论》的提纲呵。"哥白尼说。

"啊，您竟用了30年的时间来写这本书！"

雷蒂克惊讶得仿佛是哥伦布发现了新大陆，痴痴地张大了嘴巴。

"这就叫作'现象引导科学'嘛。"哥白尼缓缓地说。

看到雷蒂克略带疑惑的目光，哥白尼继续解释说：

"一个研究天文学的人，必须从实际现象入手，而不能单靠主观的猜想和臆测。观测天文现象又需要花费大量的时间去获得丰富的数据和进行异常复杂的运算。"

"老师，不瞒您说，我知道路德他们反对您的学说，还捉弄您。

那是因为他们根本就不理解您的学说。尽管宗教改革意义重大，可您发现的地动日心说的意义，要远远超过他们！"

哥白尼觉得自己已经开始喜欢上眼前的这位年轻人了。

博学多才的智慧，丰富的阅历，使他一看到这个年轻人就觉得雷蒂克是个聪明、诚恳，而且又能吃苦、有见地的人。

雷蒂克说得真好，他与哥白尼似乎是一见如故。

在交谈中，哥白尼关于宇宙的深邃思想，使雷蒂克激动不已，为此他改变了原本的行程计划。

在最初的计划中，雷蒂克想做的只是要亲耳聆听哥白尼的新理论，而现在，他决定在瓦尔米亚一直待下去，谁想一待就是两年。

就在雷蒂克到来前夕，正是丹蒂谢克主教围绕哥白尼同安娜的关系，在社会上掀起喧嚣恶浪的时候。

安娜被迫离开之际，哥白尼正陷入难以解脱的孤独苦闷的境地，雷蒂克的到来，正好填补了这块空白。

"哥白尼先生，这是我给您带来的礼物。"

雷蒂克给哥白尼带来了一些很珍贵的图书资料作为礼物，其中几本是关于天文学和与天文学有关的书。

"太好了，太好了！这些都是我求之不得的，真是太谢谢了。"

谈话中，哥白尼敏锐的目光中又增添了几分喜悦的神采。他似乎看到了前途的光明正照耀着他。

他翻开书的扉页，看到雷蒂克在每本书的扉页上认认真真地写着：

"奉献给享有盛誉的大师尼古拉·哥白尼博士先生、约阿希姆·雷蒂克的导师大人。"

雷蒂克非常崇拜哥白尼，一直称他为"我的主人和老师"或"导师大人"。

雷蒂克给哥白尼带来的书可以说是一份最珍贵的礼物。

因为在当时，出版业并不发达，搞书是很困难的事。为了搞到新出版的托勒密的书，哥白尼曾经做过无数次的努力，都没有成功。

这次雷蒂克给他带来了这么一大批精美的图书，其中也有用希腊文出版的，而在此之前都只是用拉丁文出版。

那本欧几里德的《几何学》，早在50年前，哥白尼就看了拉丁文的译本。

在新得到的这个希腊版本中，增添了哥白尼尚不知晓的列先蒙坦有关三角形的论述，这对哥白尼从事三角计算是很有用处的。除了这本书之外，雷蒂克还带来了巴伐利亚杰出数学家和天文学家彼得的著作以及波兰西里西亚地区优秀学者维泰隆的著作。彼得发明了几件天文仪器，并在他的书里加以介绍。

后来，哥白尼曾在这些书页的白边上写下了不少批注。

比如在格伯著作的第一卷题目上方，哥白尼写道："托勒密的杰出诽谤者。"在另外一处写道："为什么托勒密会弄错？"

不过，最让哥白尼高兴的是托勒密及其评论员亚历山大城泰翁的著作，这本书是1538年在巴塞尔用希腊文出版的。这也就意味着，此书是雷蒂克去弗龙堡前不久刚刚出版的。

哥白尼看到这些书，真是太高兴了，问：

"你是从哪里弄到这些书的？"

"我知道，这些书一定是您非常需要的。"雷蒂克说。

"以后，我的书出版，也要作为礼物送给你的。"哥白尼欣喜若狂地说。

哥白尼也确实是打算这样做的。在雷蒂克拿到已经出版的《天体运行论》回来时，他便把新版的《宇宙天体》一书赠给了雷蒂克，并在书上亲笔写下了"献给约阿希姆·雷蒂克"的赠言。

然而，病情危重的哥白尼大概并没来得及把这份礼物送给自己的学生。

一到弗龙堡，雷蒂克便迫不及待地开始阅读哥白尼的著作，这部著作从酝酿写作到最后完成整整经历了 30 个春秋。

虽然其中的主要观点在 1515 年发表《浅说》时已经形成，但哥白尼为了让这种观点建立在一种可靠的科学事实的基础上，他以坚忍不拔的毅力不间断地观察和计算，不断地修改和补充，厚厚的一沓稿纸，每一页都凝聚着哥白尼艰辛的劳动。

雷蒂克越读越感到这部著作的可贵，对其中的科学价值领会得越深。

当时在弗龙堡，安娜事件已经闹得满城风雨，现在又来了一位新教徒，人们对他的到来更是有着种种猜疑。

恰好，就在这个时候，海乌姆诺主教铁德曼从卢巴瓦向哥白尼发出了邀请。

"雷蒂克，这是我最好的朋友发来的邀请。我也想去那儿散散心，你陪我一起去，好吗？"

"好的，导师大人，我乐意为您效劳。"

于是师生两人便出发了。

到了卢巴瓦，几个人交谈的主要议题就是尽快出版哥白尼的著作。开始，谈到著作的出版，哥白尼还是有几分犹豫。

可是，雷蒂克和铁德曼结成联盟，一道说服了哥白尼。

"老师，不用说您也明白，您的书有扭转乾坤的重大价值，应该让世人尽早知道才对。我想，您还是应该尽早发表为好。"

雷蒂克的语言热情洋溢，锋芒毕露。

"是啊！我们这把年龄的人，在作古之前，应该把著作出版。世俗的毁誉对我们来说算得了什么呢？"

铁德曼的劝说则委婉细密，很有说服力。

哥白尼用殷切的目光望着老友，诚恳地说道：

"你们说得也有道理。原来，我只想发表天文观测图表，因为这是我多年前作过许诺的。既然你俩都要我发表我的书稿，我想，我的身体越来越差，也许是岁月无多了，得罪名人也罢，有人攻击我也罢，我已经无所谓了。那么，就按你们的意思办吧！"

"好，雷蒂克，这下咱俩可要全力以赴了。你去联系出版商，我们要尽快让书稿问世。"

一桩震惊世界的大事就这样敲定了。

一场席卷整个世界的科学改革风暴即将降临。风烛残年的哥白尼放下了自己的一切，他准备用自己最后的余热来掀起这场革命。

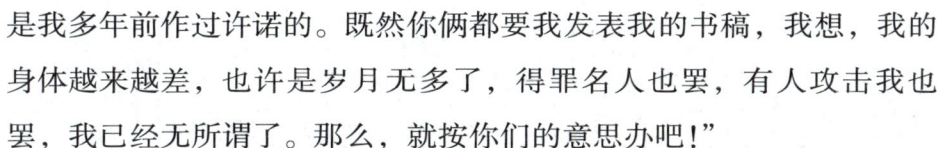

哥白尼·晚年成就

# 为出版天文著作铺路

从卢巴瓦回来以后，雷蒂克便开始为哥白尼著作的出版做铺路工作，他决心要让哥白尼在天文学界，也在广大人文主义者中获得良好声誉。

1540 年，雷蒂克在格但斯克出版了一本书，献给自己的老师哥白尼。这本书的书名十分长，叫作《致光荣的大师扬·绍内尔先生，一位年轻的数学爱好者、托伦人、瓦尔米亚神甫、学识非常渊博的大师和杰出的数学家尼古拉·哥白尼博士先生有关旋转运动的几卷书，初讲》。

在题目下，雷蒂克刊印了一句希腊格言："谁想研究哲学，谁就应是精神自由者。"这是对哥白尼著作的最初反应。

在这篇《初讲》中，雷蒂克介绍了《天体运行论》的主要论点，强调了这些论点的新颖性。

《初讲》介绍了《天体运行论》第一部分前十章的内容，其中写了雷蒂克直接了解到的有关哥白尼生活的一些趣闻，以及有关出版哥白尼著作的客观条件。

雷蒂克出自对老师的尊重，从不直呼哥白尼的姓名。雷蒂克在《初讲》中对扬·绍内尔写道："我希望你能相信，我介绍的这部著作的作者同列告蒙坦相比是不逊色的。

"但我更愿把他同托勒密相比。这倒不是我的导师同托勒密有共同之处，即借助上帝的恩赐对天文学实行预定的改革。几乎有 40 年的时间，他在意大利和瓦尔米亚观测了日食和太阳运动情况。

"我的导师、博士先生起码是不比托勒密逊色。因为他发现，托勒密观测太阳和月亮的运行情况是非常认真的。

"为此，我的导师、博士先生的天文学说可能被认为是永久性的学说。这个学说已经被以前各世纪的观察所证实，毫无疑问，也将被后代的发现所肯定。"

当正文全部写完之后，雷蒂克在结尾处写道："真理必胜！勇敢必胜！让科学永远受到尊重吧！愿每一位大师都在自己的探索中揭示出一些有益的东西，并且逐步把它展示出来，以便使人们随时可以看到。他探索的仅仅是真理。我的导师任何时候都不惧怕那些值得尊重的学者们的评论，相反，他很乐意倾听这种评论。"

毫无疑问，雷蒂克是第一位发现哥白尼学说对科学发展具有划时代意义的学者。

他撰写《初讲》时的出发点是要为哥白尼的事业争取支持，而不是去伤害任何人。

他要争取的对象主要是人文主义者。因为哥白尼推翻了托勒密和许多其他古代学者的基本论点，揭示了另外一些被遗忘的学者的正确观点，这在当时是很危险的。

他有可能被那些敏感的崇拜古代学者和哲学家的人文主义者看成是反人文主义者。

雷蒂克设法先排除这种可能性，所以他特别强调了哥白尼同古代科学的联系，并且指出，博士先生正在发展古代学者的思想和修正他们的错误。

雷蒂克的《初讲》成了科学生活中的一个重要事件，引起天文学家、数学家、哲学家和其他人文主义者的巨大兴趣。

这本书很快就再版，这使哥白尼迅速闻名遐迩，轰动了波兰。很多学者和朋友鼓励和催促哥白尼公开出版他的巨著。

为了让哥白尼的著作顺利出版，铁德曼常常利用各种机会在意大利高级教会人士中传播哥白尼的理论和观点，他想通过这种方法为哥白尼的学说顺利问世打下基础。

由于铁德曼的大力宣传，哥白尼的思想竟然让方济各会红衣主教尼古拉·肖恩贝格知道了。他对于哥白尼的学说很感兴趣，甚至直接给哥白尼写了一封诚恳的信：

> 方济各会红衣主教尼古拉·肖恩贝格向尼古拉·哥白尼问好。
>
> 几年前我听说了你的名字。关于你的天才，整个舆论的看法是一致的。
>
> 当时我对你产生了较大的好感，并且向以你为主的人们表示祝贺。你像一朵鲜花一样在我们之中绽开。
>
> 因为我知道，你不仅深谙古代数学家的发现，而且建立了一个新的理论。
>
> 在整个新理论中你教导人们：大地在动，太阳是宇宙的根本，所以占有中心位置。
>
> 月亮连同它所在天层的各种因素位于火星和金星天层之间，每年绕太阳旋转一周。
>
> 你还编撰了关于这一天文体系的《浅说》，并为所有被弄错了的星球运动重新编写了图表，这使得所有人赞叹不已。
>
> 为此，学识渊博的大师，如果你不觉得我讨厌的话，我请求你，强烈地祈求你，把你的发现给科学爱好者们分享，并尽快把你有关天体的研究材料连同图表及其他各种有关材料邮寄给我。
>
> 我已经派莱登的特奥多里克去你那里，由我出钱请他把你的材料寄给我。
>
> 但愿你能满足我的请求。你知道我是崇拜你的人，并渴

*望为像你这样伟大的天才说句公道话。*

*祝你健康。*

哥白尼接到这位开明的红衣主教的信，真是既高兴又担心，高兴的是红衣主教肖恩贝格理解了自己的思想，同时也担心教会要是知道了详情，自己很可能会遭到教会的迫害。

但是哥白尼万万没有想到的是，他的笑容还未敛去，这位开明的红衣主教大人便去世了，而他原本极有可能成为哥白尼学说的庇护人和捍卫者的。

支持哥白尼学说的红衣主教的去世，让哥白尼隐隐地感觉到了一阵不安，一种不祥的预感浮现在他心头：也许，真理想要战胜愚昧，还有一段很坎坷的道路要走。

# 与讽刺者作斗争

哥白尼的预感又一次被证实了，就在雷蒂克和铁德曼等人为了《天体运行论》积极奔走的时候，仇视哥白尼学说的反对派也暗中出手，向哥白尼射出了毒箭。

1541 年，埃尔布隆格市一个名叫威廉·格纳弗乌斯的中学校长创作了一部喜剧，其中不指名地嘲讽了哥白尼。

这个剧本的名字也很长，叫作《论真正的和虚假的聪明，像虔诚的聪明小丑一样滑稽可笑的剧》。

不久，这出戏就被搬上埃尔布隆格剧院的舞台，格纳弗乌斯还给雷蒂克邮去了一本剧本。这位自以为聪明的人此举大概是为了当面嘲讽哥白尼吧。

早在 1531 年，就曾经有路德派的新教人士为了讽刺哥白尼而制造了一起闹剧，这一次上演的新喜剧也正是在那一次的基础上改写而成的。

至于格纳弗乌斯为什么要攻击哥白尼，创作这样一个极具讽刺意味的作品，在他写给阿尔布雷希特大公的信中作出了明确的解释。

格纳弗乌斯在信中明确地说道："一些大喊大叫的诽谤者和自作聪明的纨绔子弟的行为促使我写了这本书。他们获得了有教养和聪明人的头衔，但这只不过是表面现象和虚假的粉饰，实际上名不副实。"

"也许会有这样的人，他们更喜欢轻率地诋毁别人的工作，而不愿好好向人家学习。这种人可能会指责我们谈论的是我们自己不懂的东西，因为在这出新戏里我们鞭挞的是一位可笑的星占学家。"

这出喜剧演的是一个蠢人要给人们呼风唤雨的神话，虽然在该剧中没有明确地点出哥白尼的名字，但是对话中有几句显然是影射哥白尼的。

例如，在该剧情中主角有这样一句说他的心理活动："可我确实不知道，是公布这个预言呢，还是保持缄默。"

这个剧本的意思是说哥白尼由于担心别人不理解，希望把自己的著作和发现隐藏起来。而日心说则把各行星"推离"了自己的位置，这样一来古代神话中支撑着地球的巨神阿特拉斯也就没有用武之地，成为多余的存在了。

由于埃尔布隆格市是受神甫会和瓦尔米亚主教管辖的，格纳弗乌斯担心会招来神甫会和瓦尔米亚主教方面的干预，所以在剧中刻意回避了哥白尼的名字。

但在剧本的结尾，格纳弗乌斯却生生地加上了一句恶毒的攻击性极其强烈的话语："他认为自己是值得人们尊敬的，因为他是一位博士。"

这样一来，只要不是傻瓜，谁都能看得出来这位作者对于哥白尼及其学说的不友好。

格纳弗乌斯曾经一度以创作出这个剧本为豪，但是这场闹剧实际上并未给剧作者带来任何荣耀，相反，倒是给他带来了不少麻烦。

几年之后，根据瓦尔米亚主教和波兰国王的要求，政府撤销了格纳弗乌斯在埃尔布隆格中学的校长职务。

随后格纳弗乌斯隐居到克鲁莱维茨阿尔布雷希特大公的官邸里。但在那里他也未待多久，就被路德派信徒赶走，最后被迫返回荷兰老家，不久之后郁郁而终。

为了维护哥白尼的清誉，雷蒂克通过在科学界和政界知名人物中散发介绍哥白尼学说的《初讲》，对格纳弗乌斯等恶意中伤哥白尼的人进行了针锋相对的斗争。

雷蒂克利用在克鲁莱维茨逗留的机会宣传了哥白尼学说。当时普鲁士大公是敌视哥白尼学说的。

1541 年，雷蒂克在返回威丁堡之前拜访了这位大公，他很机灵地把事先绘制好的一张地图和一篇关于地图绘制术的论文献给了这位大公，并乘机向他推荐了哥白尼的著作。

地图是在哥白尼的帮助下绘制成功的，上面画的是普鲁士以及几个邻国的地形情况。

哥白尼是一位多才多艺的学者，他在绘制地图方面很有经验，曾画了好几张地图。而对于这次特地绘制出来送给普鲁士大公的地图，他自然更是格外用心。

地图精致准确，使这位普鲁士大公非常喜欢，于是他便给德国另外一位大公和威丁堡大学写了推荐信。

普鲁士大公在信中慷慨地提出："鉴于可敬的、学识渊博的硕士耶日·约阿希姆·雷蒂克的聪明才智和品德，我们请您开恩，不但要准予他继续在威丁堡担任教授职务，而且要恩准他在其教授薪水不受影响的情况下到他想去的地方，出版自己的杰作。"

这样，由于雷蒂克的机敏，这位大公成为哥白尼学说的保护人，在普鲁士地区产生了深远的影响。

由于普鲁士大公的赞赏，哥白尼的著作得到了很多出版商的青睐，好几位出版商提出愿出版哥白尼的著作。

其中有一位是扬·佩特赖乌斯，他给雷蒂克写了一封热情洋溢的信，信中对雷蒂克的智慧和强烈的求知欲倍加赞扬。这位出版商的目的是希望雷蒂克劝说哥白尼把自己的著作交给他出版。

也就是在这个时候，大出版商安德烈·奥西安德尔从纽伦堡回了信。他表示同意出版，但有一个条件，要在哥白尼著作的序言里写明哥白尼的观点是未经证明的论断，只是假设，全部理论都是假设。

奥西安德尔想借助这种办法缓和那些顽固哲学家和神学家们可能持有的反对态度。

奥西安德尔希望用比较温和的态度，赢得更多人文主义者的支持，其中包括那些反对和摒弃哥白尼学说的人，如菲利普·梅兰希顿等的支持。

但是，哥白尼丝毫没有对奥西安德尔妥协，因为他不想放弃自己的学说，也不想用假设来掩盖那些他已经证明过的论点。

获悉哥白尼要出版著作，丹蒂谢克主教找到哥白尼，建议把他写的一篇题词加进哥白尼的著作中去。

丹蒂谢克了解了哥白尼著作的价值，但并未预见到它会遭到谴责。他发现哥白尼这件事在当时引起普遍兴趣，这预示哥白尼的声望必将迅速扩大，不会遇到任何阻力。

丹蒂谢克非常明智地选择了和哥白尼缓和关系，他虽然心胸狭隘，却并不愚蠢。

丹蒂谢克是哥白尼的上司，也是一位杰出的人文主义者，所有的人都认为他是哥白尼著作的保护人，并且希望他能解决出版这部天文学著作发生的冲突。

但是哥白尼却并没有接受这位曾经侮辱过自己，甚至活生生拆散他幸福的主教大人的好意，而是冷冷地拒绝了用他题词的建议。

几天之后，列日大学医学教授雷纳·格马·弗里修斯也给哥白尼寄来了一封信，信上写道，所有人都焦急地盼望着哥白尼"主要著作"的出版。

7月20日，弗里修斯又寄来了第二封信，并且在信中提道："说地球在旋转，还是说它一直不动，这对我无关紧要。重要的是我们要准确地了解星球的运动和它们之间的距离，要有精确的计算。"

这个时候的欧洲，所有有远见的人都已经看到了哥白尼这部著作将要产生的深远影响，所有的人都在等待，等待它的出版。但是，它的出版就真的能够一帆风顺吗？

# 违背本意的出版物

为了能够让哥白尼的著作顺利出版，雷蒂克在瓦尔米亚地区和普鲁士地区进行了大规模的宣传和游说活动，终于成功地使原本敌视哥白尼学说的普鲁士大公转变成了哥白尼学说的庇护人。

在雷蒂克即将返回威丁堡之前，普鲁士大公又一次对哥白尼大加赞赏，为他写了一封介绍信："借助可尊敬的伟大学者尼古拉·哥白尼博士先生令人赞叹的著作，我们将能准确计算时间和一年的长度，还可以了解太阳、月亮和所有星球是怎样运行的。"

雷蒂克满怀希望地回到威丁堡，相信导师的学说不久便会传遍全世界，所有人都会把他最近揭示和传播的理论看成是永恒的真理。然而，并非他所预想的这样，他太乐观了。

一到威丁堡，雷蒂克就感到了意外，迎接他的是痛心与失望。他发现这里的人们对他在《初讲》中阐述的思想并未表现出热情，有的甚至是敌视的态度。

也许是受到了路德教领导人马丁·路德和菲利普·梅兰希顿的影响，德国信仰新教的地区对哥白尼的学说及其宣传者采取敌视和嘲笑的态度。

1541 年 10 月 21 日，梅兰希顿曾这样写道："某些人认为，像那个萨尔马特人天文学家那样，制定一个推动地球和遏止太阳的荒谬理论是很有意思和合适的。确实，聪明的统治者应该容忍天才者的轻率。我们的眼睛告诉我们，天在旋转。然而，这里有人要么出于好奇，要么想拿着自己的天才进行投机，正在捉摸地球的运动。"

为了证明自己是有道理的，梅兰希顿引用了《圣经》上的话：

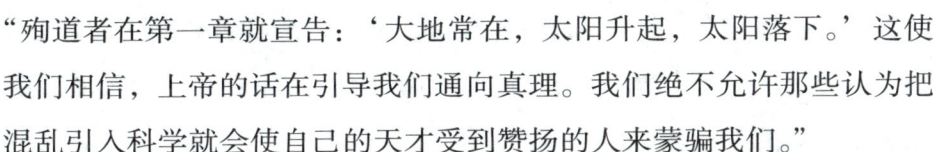

"殉道者在第一章就宣告：'大地常在，太阳升起，太阳落下。'这使我们相信，上帝的话在引导我们通向真理。我们绝不允许那些认为把混乱引入科学就会使自己的天才受到赞扬的人来蒙骗我们。"

马丁·路德也说了类似敌对的话。看到整个城市都散发着这样敌对的言论，雷蒂克明白不能在威丁堡大学宣传哥白尼的观点了。

路德教严厉的检查制度使雷蒂克感到无法容忍，他是路德教的背叛者，新教信徒岂能欢迎他。

整个威丁堡大学，就只有数学教授伊拉兹姆·莱因霍尔德在一定程度上理解哥白尼的学说。

莱因霍尔德教授在撰写的论文中曾这样写道："我看到一位新人，一位非常杰出的大师，无论在天文学还是在解释月球的各种运动方面，他的观点都同托勒密的模式截然不同。我相信，他必将从普鲁士脱颖而出，而他那杰出的天才自然会受到后代的赞赏。"

伊拉兹姆·莱因霍尔德的这些话给予了雷蒂克极大的鼓励和安慰，他相信只要自己坚持下去，肯定会有更多的人明白和接受老师的学说，到时候离出版也就不远了。

坚持是正确的，就在雷蒂克在威丁堡和普鲁士宣传的时候，哥白尼的学说在克拉科夫大学学术界获得了赞扬。

1542年9月27日，布科沃的卡普里努斯在致塞续尔·马切约夫斯基主教的信中这样写道："相信您的英明会恩准我支持和关心克拉科夫最引以为自豪的那些学科。因为该城是以出了一些天才人物而驰名的，这些天才把这些学问传播出去，使之放射出光彩。

"许多知名的人物正在德国教授他们从克拉科夫大学学到的数学知识。在有名望的人中我荣幸地列举瓦尔米亚的神甫尼古拉·哥白尼，他曾经在克拉科夫大学学习过。他写的数学著作是令人赞赏的，甚至已经准备出版。

"他的知识首先是从我们这所大学学到的，这所大学是他最早的知识源泉。是的，这一点连他自己也承认，说一切都要感谢我们学院。"

尽管威丁堡学术界对雷蒂克宣传的哥白尼学说采取敌对态度，但这并没有使雷蒂克气馁。

当雷蒂克清楚地明白在威丁堡已经无法出版哥白尼的主要著作的时候，便毅然离开威丁堡去了纽伦堡，在纽伦堡他还有许多朋友。

然而，雷蒂克没有想到的是，在纽伦堡等待他的同样还是失望，因为雷蒂克的好朋友绍内尔对哥白尼的学说采取了敌视态度。

绍内尔是纽伦堡地区的一个大出版商，他曾经出版过列告蒙坦的《三角学》，而这本书中的许多内容与哥白尼在威丁堡出版的关于三角的一些结论完全一致。

所以绍内尔怀疑哥白尼抄袭了列告蒙坦的《三角学》。这其实是一个误会。因为绍内尔并不清楚哥白尼在数学上的天分，是哥白尼自己独自钻研出了这个结论，而这个正确的结论恰恰与列告蒙坦的结论完全一致。

在哥白尼得出这个惊人的结论之前，他根本不知道这个世界上还出版过这样一本《三角学》。

绍内尔由此对哥白尼的学说采取敌视态度，他在写给希罗尼姆·施赖伯的一封信中写道："令人震惊的是，竟然有这样一种人，他们竟不知羞耻地把这位学者发表的著作据为己有，把列告蒙坦的名字抹掉，然后填上自己的名字。我按自己的良心办事，从不想用他人的外套去讨别人喜欢。"

因为这样一场误会，雷蒂克和绍内尔之间原本深厚的友谊也就随之结束了。在这种情况下，雷蒂克也不再指望绍内尔会帮他联系出版事宜。

最后，雷蒂克把哥白尼的书稿交给了纽伦堡的出版商扬·佩特赖乌斯，由他开始筹备印刷。

"你放心吧。我们负责出版印刷，具体事务由奥西安德尔负责。"

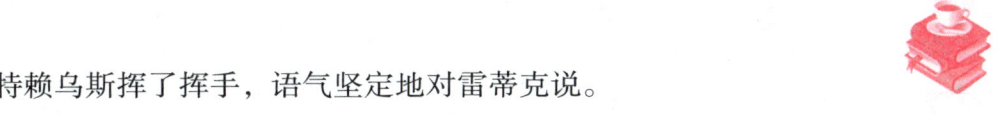

佩特赖乌斯挥了挥手，语气坚定地对雷蒂克说。

"那好，我正要去莱比锡的一所大学担任教授，一切就拜托你了。"

雷蒂克在纽伦堡只是短暂停留，解决好同出版老师的著作有关的问题之后就到莱比锡去了。

然而，谁都没有想到的是，雷蒂克的这次离去，竟然无意中铸成了大错，等他重新回到纽伦堡时，竟然发现原著被篡改得面目全非，而这，也造成了近代科学史上一桩非常著名的侵权案。

雷蒂克在莱比锡讲授数学的时候，佩特赖乌斯将哥白尼著作的具体排版工作交给了安德烈·奥西安德尔负责。这位奥西安德尔就是从前接受哥白尼的学说，但是要他把理论仅仅作为一种假设存在的那个大出版商。

当时哥白尼丝毫没有对奥西安德尔妥协，因为他不能放弃自己的学说，他不想用假设来掩盖那些他已经证明过的论点。所以，雷蒂克后来才把书交给了佩特赖乌斯。

谁知转来转去，又到了奥西安德尔的手里了！

这一次，雷蒂克不在现场，哥白尼又重病在床，奥西安德尔按照自己的意愿，强行篡改了哥白尼的原作和思想。

等到1542年7月，雷蒂克归来的时候，才发现这个问题，可是那个时候书都已经印刷上市，想要改正为时晚矣。

那么，人们不禁奇怪，哥白尼为之耗尽一生心血的著作《天体运行论》的本来面目，到底是什么样子的呢？

# 《天体运行论》 的命运

在暗无天日的中世纪，想要挑战传统神学理念是一件需要极大勇气的事情。一千多年来，人们在宗教统治下战战兢兢地过日子，即便是有人想到了某些自以为正确的结论，却不敢将它公之于众。

从哥白尼第一次动笔编写《天体运行论》到 1543 年最终出版发行，前后竟搁置了近"49 年"。

完成这部著作以后，哥白尼并未停止研究工作，仍然不断地使用天文仪器进行观测。这些观测进一步证实了他的计算结果和得出的结论。

哥白尼想要动摇地心说的统治地位，没有足够的证据，是万万不能达到目标的。而且对于他来说，这本书就是他的一切，他想要将之更加完美。

在这样的心理下，哥白尼对这本书进行了反复的修改，再加上出版的时候被出版商和印刷工人的肆意篡改，这本书的本来面目现在已经很难还原，人们只能根据遗留下来的点滴进行猜测。

《天体运行论》最初是按照什么样的顺序来撰写的，现在我们已经很难知道，只知道哥白尼最初将这本著作定为八章，之后删改成七章，最终出版的时候却只有六章。

从哥白尼文章中有关天文观测的描写可以看出，1525 年前他撰写了前四章，后两章则是 1530 年以后写的。

《天体运行论》从宇宙讲到地球，从地球讲到地球的构成，从地球的构成讲到宇宙中天体的运行，最后自然是天球的排队顺序。如此，六章丝丝入扣，并然有序。

第一卷是哥白尼的宇宙观念，论太阳居于宇宙的中心，地球和其他行星都绕太阳运行。这就解释了四季循环的原因。

这一卷结尾处讲了三角形的规则，即从三角形的已知某些边和角去推算其他的边和角的规则。

这里所说的三角形不单指三边是直线的平面三角形，还指三边是球面上圆弧做成的球面三角形。

第一卷末尾还有一张正弦表。哥白尼在书中大量使用这些规则和正弦表来做计算，以建立他的行星体系。

在这一卷中，哥白尼直截了当地指出宇宙是球形的。这是否因为这种形状是万物中最完美的形状，无须进行任何黏合，就形成完整的整体。甚至还因为宇宙的个别部分，例如太阳、月球、行星和恒星看起来都呈这种图形。所以，谁也不会怀疑，对神赐的物体也应当赋予这种形状。

哥白尼指出，地球也是球形的，天体的运动是均匀的、圆周的、永恒的，或者是由圆周运动所组成。

在驳斥了托勒密的地心说之后，哥白尼在第一卷中明确提出了"太阳是宇宙的中心"的论断。

哥白尼的"太阳中心说"的宇宙体系是这样的，太阳居于宇宙中心静止不动，地球和其他行星围绕着太阳运动，月球围绕着地球运动，最外层的天层是恒星天层。

第二卷论地球的自转，指出地球是绕太阳运转的一颗普通行星，它一方面以地轴为中心自转，一方面又循环着它自己的轨道绕太阳公转。

第二卷结尾有一个星表，换言之即是一个记载流星在天球上位置的表格。一个地方以其在格林尼治子午圈的东边或者西边的度数作为经度，在赤道南边或者北边的度数作为纬度，从而被固定在地球上。

第三卷论岁差，是一个恒星表。第四卷论月球的运行和日月食。

第五卷、六卷论水星、金星、火星、木星和土星五大行星。

哥白尼指出，天体的运动是圆周运动，这是因为适合于一个球体的运动乃是在圆圈上旋转。圆球正是用这样的动作表示它具有最简单物体的形状，既无起点，也没有终点，各点之间无所区分，而且球体本身正是旋转造成的。

哥白尼的这部巨著是一部伟大的科学著作。他向统治欧洲一千多年的天文学地心说体系下了一封挑战书，这也是现代天文学革命的宣言！

最让我们津津乐道的是哥白尼这本书的序言。当初，哥白尼在将《天体运行论》定稿之后，并不急于出版，而是将他封锁在屋子里的箱柜中三十多年。

因为在当时，想要出版这样一本书是要冒很大风险的。这个时候应该怎么办呢？

"我们不能束手待擒，必须主动出击！"哥白尼的好友铁德曼给他出了一个主意，"不如去争取教皇的支持"。

铁德曼所说的教皇是保罗三世。这位教皇在位的时间为1534年至1549年，他曾是著名的人文主义者以及科学和文化的庇护人。

保罗三世曾经对天文学，更确切说是对星占术很感兴趣，有许多星占学家围着他转，没有他们的预言他不作任何重大决定，所以人们都把他称为"星占学家手中的工具"。

因为保罗三世是一位比较开明的教皇，哥白尼预见到自己的理论将会引起科学革命，所以他要寻求教皇庇护，以免自己的学说被指责为异端邪说。

在1542年，哥白尼苦心孤诣地给教皇写了一封信，在这封信里，将他称为数学家（当时天文学家也属数学家之列），同时还说明了自己的理论的实质及其产生的条件。

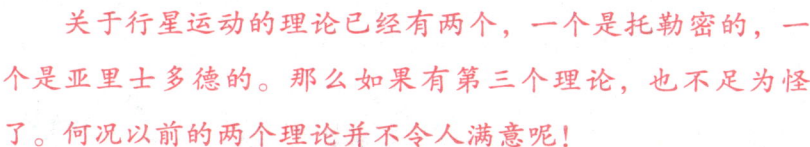

关于行星运动的理论已经有两个，一个是托勒密的，一个是亚里士多德的。那么如果有第三个理论，也不足为怪了。何况以前的两个理论并不令人满意呢！

亚里士多德的理论自认为有坚实的物理基础，但是实际上是很空泛的，而且又不能根据它去编算星行表，以预算行星的运动。托勒密的理论虽然可以作为编算星行表的根据，但是又和当时公认的物理定律发生了矛盾。

我为此感到不安，所以才从希腊和拉丁文的古书中去寻找，看古人是不是主张过更好的理论。因此，我发现有几位希腊学者曾经假设过地球绕轴自转，或是和其他行星一样绕太阳公转，更或是假设地球同时有这两种运动，以解释人们看到的天体在天空中运行的情况。

不但行星的现象是一种自然的结果，即其排列的次序与其轨道的大小，乃至整个天象都成了一个统一的结果，如果改变其中的一部分便会牵涉到其他部分，以至整个宇宙。

哥白尼特别把古人搬出来的用意，是想要减轻当时人们对于他的指责，避免一些不必要的麻烦。

哥白尼本来想用这封信作为《天体运行论》的序言，但是当他写这封信的时候，《天体运行论》已经交付印刷，而到了出版商那里，这篇既定的序言被直接替换成了一篇《与读者谈这部著作中的假设》。

可是，科学、真理，真的能够那么容易被隐藏、被遮掩吗？

不，这是不可能的！不管人们怎么歪曲事实，终有一天，科学会战胜愚昧，曾经恶意的篡改都将被还原成本来真实的面目。只是这一天的到来太晚了，哥白尼再也看不到这辉煌的一幕了。

# 天文巨星的陨落

1542 年秋天，哥白尼已经是一位年近 70 岁的老人了。人到晚年，各种疾病就都接踵而来。哥白尼虽然是医生，也很注重身体的调养，但还是不幸染上了一种恶疾。

哥白尼带着近乎绝望的心情在雷蒂克赠给他的一本书上，写下了这样几句话：

生命的短暂、思想的迟钝、麻木的粗心和徒劳的忙活，使我们无法获得更多的知识。而我们所知道的东西，随着时间流逝也逐渐忘却。多么可憎可怖的忘性呵！

铁德曼已经从神甫的信中得知了哥白尼患病的消息，他在 1542 年 12 月 8 日，从卢巴瓦发出一封回信。

信中这样写道："我怀着十分焦急的心情期待着杰出的大师尼古拉·哥白尼先生的那本数学著作。据尤斯塔许先生说，那本著作正准备付印。如果能按时出版的话，那么大师的努力就会放射出不朽的光辉。我祝愿这位应该长寿的人的生命能超过自己的著作。"

"咚！咚！咚！"门口传来了一阵轻微的敲门声。

"快去开门。"

仆人赶快出去开门，雷蒂克从窗户向庭院望去，原来是消失已久的安娜强作笑脸地走了进来。

安娜明显消瘦了，风韵犹存的面庞上已出现了皱纹，棕色的头发显得有些蓬乱。这都是邪恶势力的摧残所致。

"老师，您看谁来了！"

雷蒂克兴奋地见到久未露面的安娜，心头涌上一阵酸楚的滋味。他立刻掩饰了自己悲怜的心绪，走向病床兴奋地指给哥白尼说。

"安娜，是你吗？真的是你吗？"哥白尼伸出颤抖的右手，缓缓地向安娜伸了过去。

"是我，亲爱的，是我。你怎么样，好些了吗？"

"我很好，没事的，你不要担心。你瘦了。都是我不好，没能够好好保护你呀！"哥白尼抹去了安娜面颊上的泪痕，心痛地说。他模糊不清的眼睛似乎闪过了一丝喜悦的光点。在他的脑海里，不用细看，安娜也是永远清晰秀美的。

"不，亲爱的，不是你的错。你不要乱想了，好好养病，很快就会好起来的。"安娜轻声地安慰着哥白尼。其实她心中也清楚，哥白尼只怕很难再好起来了。

"不要离开我，安娜！求求你，不要再离开我。"哥白尼像一个受伤的孩子，他紧紧地抓住安娜的双手，生怕下一刻她就会离去一般。

"好，我不走了，我永远都不走了。你放心吧。"

安娜坚定地点了点头。她恨可恶的教会，是他们驱逐了自己。哥白尼的心灵受到了如刀割般的创伤，他的病情怎么能不加剧呢？看着自己心爱的人挣扎在死亡的边缘，她的心也在淌血啊！

安娜在弗龙堡待了几天，精心地给哥白尼喂饭、擦身、换衣。不知道是不是因为安娜到来的缘故，哥白尼的精神似乎好上了很多。

"安娜，你将笔和纸给我。"哥白尼抬起左边可以活动的手，指了指书桌说。

安娜乖巧地拿过纸和笔，看了一眼说话吃力的哥白尼，她知道哥白尼这是要留遗嘱了。

是的，哥白尼本身是医生，对于自己的身体状况，又怎么会不知道呢！他这是回光返照呀！如果这个时候不再抓紧时间立下遗嘱，只怕要遗憾终身了。

哥白尼缓缓地在纸上写下了他的遗嘱：

神甫的位置由他的外甥扬·洛伊特士接任。他收藏的医学书绝大部分送给利兹巴科的主教图书馆，其余的一小部分送给神甫图书馆，以及一些好友。

生前留下的钱财全部留给自己的外甥女。把一些房产处理了，其中有一座留给安娜。

将这些生后的事情交代完，哥白尼仿佛办完了人生历程上的最后一件事儿，嘴上露出一丝宽容的微笑，心安理得地等待着死神的召唤。

哥白尼的健康状况一天天恶化，康复的希望也日益渺茫，他的生命已经不长了。

书，我的书，那本耗尽了我一生心血的《天体运行论》出版了吗？雷蒂克，我的学生，你在哪里？老师快不行了，多么想要见你最后一面啊！

这个时候正是哥白尼的著作刚刚装订完毕之时，塞巴斯蒂安·库什来到纽伦堡为德皇卡罗尔五世采购科学书籍，正巧买了哥白尼提出新理论的著作，并把它寄给了皇帝，同时附了一封信。

信上写道："尼古拉·哥白尼是一位数学家，他撰写了六卷关于天体运行的书。这些书刚印完，我决定把它们给陛下寄去。

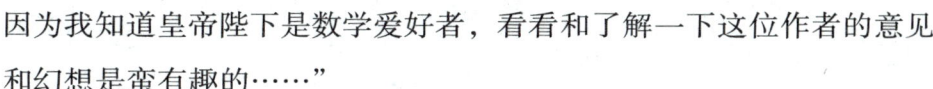

因为我知道皇帝陛下是数学爱好者，看看和了解一下这位作者的意见和幻想是蛮有趣的……"

由此可见，哥白尼著作出版后的首批读者中就有一位皇帝，人们把这部书作为一种有趣的科学幻想书推荐给他。

1543 年 4 月 24 日，乌云遮住了太阳，天空落下一阵大雨，像是流不完的愁苦的泪水。窗外一片朦胧之色，正在哥白尼身边照顾他的安娜不得不去关好窗户。

突然之间，哥白尼呼吸急促，两腮发红，眼睛睁得大大的，像是想要呐喊，却又喊不出来。

"不好，哥白尼快不行了！来人，快来人啊！"

而这个时候，雷蒂克正在紧急往回赶，狂风暴雨中，他驾驶着马车飞快地赶来。

"快一点，再快一点！老师，你等等我，学生马上就回来了。"这个时候的雷蒂克恨不得身上装有一对翅膀，能够早一点赶回老师的身边。

"老师，我来了，我来了。老师你坚持住。"雷蒂克刚刚到家，就被告知哥白尼快不行了，他匆匆拿上一卷刚刚印刷出来的《天体运行论》，就冲到哥白尼的床前，将书塞到老师的手中。

"书……我的书……"

哥白尼呼吸急促，他的左手在书上紧紧地抓着，仿佛是在紧握一件绝世珍宝，又仿佛是在珍惜这最后的时光，直到他的双手变得冰凉。

哥白尼永远都不会知道，他拿到手中的这卷书籍早已经被篡改得面目全非，更不知道他亲手书写的序言被人替换成了一篇假设。

"导师，我的导师，你走得太快了，连你的书也顾不上看一眼。你可是答应为我亲笔签名的啊，导师，导师啊！"

# 对作者亲属的迫害

哥白尼死了，但是事情却远远没有因此而结束，围绕着他的日心说和那本被篡改得面目全非的《天体运行论》，历史又往后整整推移了400年，才将荣誉归还给这位伟大的天文学家。

哥白尼的《天体运行论》问世之后，犹如火山爆发一般，震撼了整个欧洲的天文学界以至自然科学界。

那些反对哥白尼学说的人都站出来反对它、抨击它，从各方面打击哥白尼的学说。

因为《天体运行论》出版的时候哥白尼刚好去世了，这些反对者不可能再对哥白尼做些什么事情，于是他们就把怒火转移到了哥白尼的亲人和朋友身上。

哥白尼生前唯一的学生雷蒂克被这些愤怒的反对者殴打，赶出了纽伦堡。而与哥白尼相爱的安娜更是遭到了这些人无情的打击。

1543年5月10日，神甫会在寄给丹蒂谢克主教的一封信中写道：

众所周知，尊敬的尼古拉·哥白尼博士先生生前的一位女管家安娜·希林是为什么从这里被驱逐的。

而现在又时常能在这里见到她了，她一来就要待上几天。据说她来的借口是要办自己的事，因为迄今为止她在这里还有一座房子。不过这座房子大概已经在昨天被她卖掉了。

我们想，是否还能从法律上禁止她到这里来，既然现在已经不存在什么障碍了。因为排除根源以后，后果也会消失。但是关于这个问题在未征得阁下同意之前我们不想作出任何决定。

几天之后，对安娜回弗龙堡感到不安的丹蒂谢克主教给弗龙堡的神甫们回了一封信，非常无情地表达了他的想法。信中说：

我真心热爱的、尊敬的兄弟们，那个被我们驱逐的女人又回到了你们那里。不管她有什么原因，都不值得我们赞同。

因为值得担心的是，兄弟们，不要让她使用曾经征服那位不久前去世的人的方法再征服你们之中的任何人。

兄弟们，虽然这取决于你们的意志，但我们认为，对她在你们那里逗留加以制止总比允许同此种瘟疫接触更好。你们知道，她为我们教会带来了多少损失啊！

这些毒如蛇蝎的话语，像尖刀一样刺痛了安娜的心。她跟跟跄跄地跑到哥白尼的墓地前去祭奠他，向他诉说她胸中的郁闷。她悲伤地说道："亲爱的，你知道吗？活着真比死了更痛苦。这些人不但无耻地篡改了你的著作，还对我们这些活着的人大加攻击。

"亲爱的，因为你的存在，我的存在才有意义。现在你不在了，我活着还有什么意思呢！我将追随你而去，让这些无耻的恶徒们知道，我们的爱是神圣的。他们可以篡改你的著作，可以攻击我的人身，但是不能改变我们永恒不变的爱情。"

安娜哭得那样伤心，那样悲怆，那样绝望，泪水像山洪暴发似的不可阻挡。然后，她像一头凶猛的狮子一般，在那些穷凶极恶的教会信徒眼前，一头撞向了哥白尼的墓碑。

安娜，这个勇敢的女人，用她的生命为哥白尼和她的爱情洗刷冤屈，用她的死来告诉那些罪恶者，爱情是烈火，是无法用流言蜚语浇灭的，真理是无法用肆意的篡改就可以湮灭的。

哥白尼去世后，铁德曼和雷蒂克肩负起了宣传日心说的重担。对于出版商肆无忌惮地将哥白尼的原著加以篡改，铁德曼十分愤怒，而出版中的错误使他无法容忍。

铁德曼在写给雷蒂克的一封信中表达出了他这种悲愤的情绪，他这样写道："失去一位兄弟、一位杰出大师的悲哀，本可以通过阅读他的著作得到安慰，他的书会使我感到他又回到了生活中。

"然而在这本书的序言中，我却看到了一种可恶的行径，你把这称为佩特赖乌斯的背叛是何等正确呀！正是这种背叛行为给我带来了比原有的悲哀更加难忍的痛苦。"

为了还原哥白尼的原著，铁德曼向纽伦堡议会提出了申请，希望能够惩罚那个出版商佩特赖乌斯，并且收回已经在市场上流通的作品，重新刊印哥白尼的原著。

可惜的是铁德曼的这一心愿并没有实现。市议会通过决议，不给佩特赖乌斯任何处罚。

佩特赖乌斯把哥白尼的著作当作是一笔有利可图的生意，他不愿冒风险去作什么修改，再说他排印的这种说法也是符合菲利普·梅兰希顿的主张的。

但是铁德曼是一名主教，佩特赖乌斯也不想得罪这位有身份有名望的主教大人，于是他在尚未售出的那部分书里增加了一个勘误表，用以更正由于疏忽所造成的印刷错误。

宗教界的权威人士公开辱骂哥白尼是"疯子"，并且说："这个傻瓜就是这样想把全部天文学连底儿都翻过来！"

可是，真理是不会被埋没的，哪怕是一时的诋毁，也阻止不了这种科学的想法的蓬勃发展，真理必将战胜愚昧！

# 前仆后继捍卫真理

哥白尼的学说渐渐地在欧洲流传了开来，一开始的时候教会并没有关注到这个学说的可怕之处，他们任由那些反对者去抨击这种学说。

但是随着日心说的广泛流传，教廷终于感觉到了这种学说的可怕之处：哥白尼对于宇宙的认识从根本上推翻了亚里士多德以来地球是宇宙中心的说法。

日月星辰不再围绕着地球旋转，而都是围绕着太阳旋转，那么上帝住哪儿？去住在那滚热滚热的太阳中吗？

"如果地球也是行星之一，那么圣经上所说的事情就都不会发生了，那么谁还会相信我们的话，教会拿什么来维持统治？来人，快快下令，将《天体运行论》通通回收，全部焚毁，一定要把它烧成灰烬。"

罗马教廷害怕了，哥白尼的学说触动了他们的统治地位，他们想尽一切办法阻止这种学说的流传。

但是，真理是阻止不了的，旧传统的力量是阻挡不住真理和科学的光芒的。虽然会有流血、有牺牲，但是坚定地信任科学总有一天能够战胜黑暗的统治。

在哥白尼生活工作过的地方弗龙堡，每年总有一些人前来参观和凭吊。这些人中间产生了哥白尼学说最早的信仰者，他就是丹麦著名天文学家第谷·布拉赫。

第谷以擅长于天文观测著称，他发明了新的观察仪器，改进了旧的仪器。

第谷孜孜不倦地观察了20年，对各个行星的位置作了测定，误差不大于0.067度。这种观察精确度之高在同时代是无与伦比的，可以说已达到肉眼观察所能达到的极限。

第谷编制的行星表也相当准确，因此人们称他为"星学之王"。由于第谷的声望和才能，1576年他被聘为皇室天文学家，受到格外优待。国王还拨出巨款，在滨海的一个岛上为他修建了一座天文台。这比起哥白尼来，他的工作条件可算是非常优越了。

第谷非常崇拜哥白尼。1584年他专门派了学生到弗龙堡，以便在那里考察验证哥白尼做过的一些计算，并收集有关哥白尼的文物。

他在自己的观察站里悬挂了哥白尼的画像，还曾写诗赞颂过哥白尼。他称赞日心说是"美丽的几何结构"，为它的简洁、清晰、能有力说明现象而赞叹不已。

尽管如此，第谷并没有接受哥白尼的学说。他是一位相信事实的天文学家，他认为如果地球在旋转，那么在地球上观察恒星时在不同的时候应该有差别。而第谷在观察中从未发现过这种视差。

第谷发现了托勒密学说的缺点和矛盾，又了解到了哥白尼学说的先进，但由于缺乏前瞻性，摆脱不了常识的束缚，第谷并不认为地球这样"既大且笨"的东西会动。

所以第谷采取了折中的策略，他自己另行设计了一套混合体系，又被称为第谷体系。

第谷吸取了哥白尼体系的精髓，认为行星是绕太阳而非绕地球运行的，但他仍然把地球静止在宇宙中心，认为太阳统率着行星、月亮同整个恒星天穹一起围绕地球作昼夜旋转。

充分理解哥白尼学说意义的是德国学者约翰尼斯·开普勒。开普勒是第谷的助手，从第谷那里得到了他毕生测量的大量数据。

开普勒也是了解奥西安德尔篡改哥白尼原著的第一位学者，并且成功地收集到一本未经篡改的原著《天体运行论》以及奥西安德尔写给哥白尼和雷蒂克的信件。

开普勒不仅理解哥白尼的理论，而且又把它向前推进了一步，他发现并解释了三大定律。

第一定律，所有行星分别在大小不同的椭圆轨道上运动。太阳的位置不在轨道中心，而在轨道的两个焦点之一。

第二定律，行星的向径，即太阳中心到行星中心的连线在相等时间内所扫过的面积相等。

第三定律，行星绕太阳运动的公转周期的平方与行星轨道半径的立方成正比例。

以上三个定律被称为开普勒定律。

开普勒获得了对行星运动的清晰认识。哥白尼体系到了开普勒手中真正变成了一个相当简洁、明晰、统一的体系。

伴随着文艺复兴运动的蓬勃发展，新的科学曙光已经浮现在世间。中世纪教廷为了维持他们的专制统治地位，在这个时候对所有的异教和科学进行了无情的毁灭和打击。

科学与宗教最大的一次较量开始了。为了打破宗教赖以维系统治的理论基础，一代又一代的真理信奉者们用自己的热血和生命宣扬和捍卫了哥白尼的日心说。

# 科学最终战胜愚昧

第一个真理的殉道者是布鲁诺。布鲁诺是意大利的科学家，同时也是哲学家和文学家，他认真研究并发展了哥白尼的"日心说"。

1592 年，布鲁诺返回意大利，后来在威尼斯被罗马教廷逮捕。在罗马教会的宗教法庭上，红衣大主教罗伯特主持对布鲁诺的审判。就是这个罗伯特，在 30 年后还审判了伽利略。

"布鲁诺，你还坚持地球在动吗？"罗伯特声调阴沉而得意。

"在动，地球在动，它只不过是绕着太阳转圈的一颗星球。"布鲁诺连看都不看罗伯特一眼。

"你要知道，如果你坚持追随哥白尼，等待你的将是火刑！"

"我知道，当初你们没有来得及处死哥白尼，是还没有发现他的厉害。其实他对你们还算是客气的，他说太阳是宇宙的中心。我说宇宙是无限的，上帝是管不了它的！"

"住嘴！照你这么说，上帝在什么地方？"

"对不起，宇宙中没有给上帝安排地方！"布鲁诺一脸不屑地说道。

"烧死他！"罗伯特狂怒起来。

布鲁诺没有被立即烧死，而是被囚禁在罗马宗教裁判所的监狱里。为了迫使他改变进步观点，教会连续折磨他达 8 年之久。

后来又为了利用布鲁诺的声望挽回四面楚歌的局面，教会想迫使他当众悔过。但是威胁利诱、恐怖手段都不能使布鲁诺这位坚强的战士改变自己的信仰。

教会无计可施，宗教法庭宣判对布鲁诺使用火刑，罪名是罗马教

皇对他的评价："一个死不悔改的异端分子。"

布鲁诺走出法庭，转过身来轻蔑地说道："我看见了，你们在读宣判书时比我走向火堆还要恐惧！"

1600 年 2 月 17 日，在罗马的百花广场上，布鲁诺英勇地走向了火刑柱。他的殉道者形象成为后世科学与宗教斗争的标志。

布鲁诺虽然被黑暗的罗马教廷化为了灰烬，但他的精神不死，科学永存，芳名万世！

十五六世纪时，欧洲到处点燃了火刑柱，在波兰指责哥白尼的活动还没有停止。

1543 年，红衣主教斯福尔扎曾给教皇保罗三世写过一封信，信中说道："波兰人、瓦尔米亚神甫尼古拉·哥白尼过分相信自己的眼睛和头脑，公然违背圣经和科学去证明地球是围绕太阳转的。

"很显然我们对这种严重侮辱圣彼得后代的行为放任不管，那就意味圣父您也要被迫同地球一道围绕太阳飞翔。这是对陛下您最大的冒犯。

"但如果我建议对其置之不理，那是因为有一种力量鼓舞我产生这种想法，如果魔鬼点燃了火星，而我们再吹风就可能使其酿成火灾。为此，我们宁愿绕开魔鬼的陷阱，因为教会的敌人已经够多的了。"

红衣主教的谴责立场是再明显不过了，尤其是布鲁诺被施行火刑之后，教会把哥白尼的理论也划入禁书之列。

1616 年 3 月 8 日，教会中负责禁书任务的主教对哥白尼的学说作出了结论："尼古拉·哥白尼在《天体运行论》中提出的关于地球运动和太阳系，是违背圣经的。毕达哥拉斯信徒式的伪学说已经传播开来，并日益被许多人所接受。为此，教会认为，为了不使这种学说进一步蔓延，危害天主教真理，有必要对其加以禁止，直到它得到修正为止。"

不久，经过保罗五世批准，把哥白尼的著作列入禁书目录，虽然不是全部，但却是那些包含了基本论点的书。

1564年，文艺复兴的故乡意大利又诞生了一位日心说的辩护者伽利略。他是伟大的物理学家，用望远镜观察天体并取得大量成果的第一人。

伽利略素有"天空的哥伦布"之称，因为他在人类认识天空的历史上有许多"第一次发现"。

伽利略首先发现月球表面覆盖着绵延起伏的山脉和苍茫的平原。他第一个看到了太阳上的黑子，木星有四个卫星，金星、水星有盈亏现象，以及银河是由无数恒星组成的等等。

伽利略之所以有这些发现并不是因为他的眼睛特别好，而是因为他第一个仿制出倍率较高、初具雏形的望远镜，并且最先懂得把镜筒瞄准夜晚的天空。

这样，伽利略的眼光才得以深入宇宙，有了一次又一次的新发现。他的发现为哥白尼的理论找到了无可辩驳的论据。

伽利略接二连三的发现使教会很惊慌，他们感到自己脚下的土地已经在动了。

教会先是攻击伽利略，说望远镜是"渎神的玩具"，伽利略的发现是"眼睛的错觉"，"丑恶玻璃片中的光的反射"。后来便动用了教会的专政机构——罗马宗教法庭，来对付伽利略。

1615年，伽利略被法庭传讯，在法庭上他被迫保证不再宣传哥白尼的学说。以后伽利略虽然没有公开宣传日心说，但他在暗暗酝酿新的突破。

作为哥白尼学说的拥护者，1628年，伽利略完成了一部重要著作《关于托勒密和哥白尼两大世界体系的对话》，用确凿的论据来说明日心说的正确，有力地批驳了地心说的荒谬。

在这部书里，伽利略以4天的对话而在层层深入中支持并证明了

哥白尼的学说。

不过，也是因为这本书的出版，这一年的 10 月，宗教裁判所下令传讯伽利略。而此时的伽利略已年近七旬，正卧病在床。

尽管当时有几位数学家和后来的教皇乌尔本八世承认他有道理，但还是开庭审判。审讯持续 3 个多月，伽利略拒不认罪。

为了迫使伽利略屈服，法庭对他施行了"不眠"的严酷刑讯，审讯整整持续了 50 个小时。为了吓唬他，刽子手还搬出一件件刑具，告诉他受刑时的可怕惨状。

最终，教会判定伽利略宣传了"异端邪说"。他的著作也被列为禁书。《对话》一书出版仅仅 4 个月后就被禁止发行。

1633 年，被教会折磨得筋疲力尽的伽利略被迫在悔过书上签字放弃日心说，他在签字的时候仍在念着："可是，地球还在转动啊！"

从此，伽利略遭到了长达 7 年的软禁，最后在折磨中死去。直到 300 多年后的 1979 年 11 月，罗马教皇才在公共集会上承认，伽利略在 1633 年受到的教廷审判是不公正的。

但是，伽利略的天才发现使人们对宇宙认识的范围扩大了。

英国著名的物理学家牛顿在开普勒的理论基础上，总结出了"万有引力定律"，从理论上阐明了行星运动的规律，从而为回归哥白尼的日心说体系提供了坚实的力学理论依据。

正是因为有了太阳的引力，行星才不会飞离出去。行星的运动速度和太阳引力的相互作用，使各个行星绕着太阳作椭圆形的轨道运动；而行星与行星之间也彼此吸引，这种引力使行星运动产生了微小的位置偏移。

正是由于这么多科学家奋不顾身的研究和宣传，使得真理终于拨开了迷雾，科学战胜了愚昧。而这一切，都是属于哥白尼的荣耀，是他勇敢地为后人留下了这部科学的巨著。

那么，属于哥白尼的荣誉，什么时候才能真正给他呢？

# 四百年后的荣誉

乌云遮不住太阳，真理的光芒最终都会透过谬误的阴云照耀在波兰大地上。由于一代又一代科学家的努力，笼罩在哥白尼学说上的迷雾终于被拨开了。

有许多人对哥白尼的理论表示了赞同和拥护，虽然有些人迫于压力，只是委婉地表达出赞同的意思。

德国威丁堡大学的数学系教授莱茵霍德，就在《天体运行论》发表后的第八年公布了一组根据哥白尼的理论计算出来的星表《普鲁士表》。这个星表受到了普遍应用，流行了80年之久。

1556年，约克夏的费尔特教授编制了一份天文历书，并公然宣称："在编制这本历书的过程中，我遵循了尼古拉·哥白尼和埃莱斯姆·莱因霍德等权威的教导。他们的著作早已被公认了，而且是建立在真实、可靠和可信的论证基础上的。"

1556年，英国教育学家列科德写的《知识的宫殿》和1600年英国物理学家吉尔伯特写的《论磁石》等著作，都明确而热情地支持哥白尼的太阳中心说。

1576年，英国人托马斯·迪格斯在他编著的一本新历书中，除了宣扬哥白尼的"太阳中心说"以外，还进一步提出了"恒星天层向着无限远处扩展"的新见解。

在瓦尔米亚，经过几任主教的更换，地球似乎也在神不知鬼不觉地旋转着。

哥白尼的学说由被否定、遗忘渐渐变为被传播、被世人承认了。

尤其是马尔青·克罗默就任主教以来，更形成了一种有利于哥白尼的氛围。1581 年，克罗默主教出资在弗龙堡大教堂为哥白尼建造了一块纪念牌。

哥白尼学说的首批信仰者不时地到弗龙堡参观和凭吊，从而引起了弗龙堡神甫会成员对这位早已去世的神甫的怀念和崇敬。

1822 年 9 月 25 日，也就是 300 年以后，教皇庇护十世批准并颁布了撤销禁书的教令，其中有这样的话："那些讨论地球运转和太阳静止不动的著作，根据目前天文学家们的一致意见，准予印行。"

18 世纪末，波兰丧失了独立以后，哥白尼成了知识界爱国学者的象征，人们将他作为伟大的波兰人给予纪念。

科学家们纷纷组队到瓦尔米亚收集哥白尼的文物。1802 年 8 月 12 日，华沙科学之友协会的两名成员塔德乌什·查茨基和马尔青·莫尔斯基第二次进行科学考察。

1796 年，法国皇帝拿破仑在托伦逗留期间，曾亲自到哥白尼的出生地参观，还要求市议会修复保存下来的哥白尼的文物。

波兰学者、杰出的政治活动家、教士斯坦尼斯瓦夫·斯塔希茨曾上书华沙王国，请求在托伦为哥白尼建造一座纪念像。

议会批准了这项动议，还收集了资金，举行了隆重的奠基仪式。但因维也纳会议之后，托伦城已沦为普鲁士管辖，所以纪念碑一时没有竖立起来。

然而，斯坦尼斯瓦夫·斯塔希茨并未放弃自己的主张。1830 年，波兰人民在华沙斯塔希茨广场上终于竖起了哥白尼的纪念像。

在揭幕典礼上，波兰著名诗人尤里安·乌尔辛·汉姆柴维基高声朗诵道："这个喜庆的日子终于来临了！哥白尼曾以半个世纪的工夫凝眸注视太阳，今天太阳终于把它仁慈的光芒倾注在他的身上……"

1566 年，在瑞士和巴黎进行了《天体运行论》的第二次出版；1617 年，在荷兰首都阿姆斯特丹，《天体运行论》进行了第二次出版后 1854 年，在波兰华沙进行了历史上的第四次出版。

1873 年，在哥白尼诞辰 400 周年的时候，波兰人民在托伦出版了哥白尼的著作。这部著作剔除了原先对哥白尼理论的歪曲和篡改，使这部杰作恢复了本来面貌。

哥白尼的手稿也几经波折，起初为雷蒂克所有，雷蒂克死后几次易手，最后落入布拉格的一家图书馆。

1953 年，这部书稿归回波兰，目前收藏在雅盖隆图书馆里。

这正说明生活的磨石，可以使高山变为沟壑，可以改朝换代，但是真理的光辉却永不熄灭。

哥白尼是一位划时代的天文学家，这是毫无疑义的。但是哥白尼学说的建立，也并不是对宇宙的最终认识，而只是近代天文学的开端。

在那黑暗的欧洲中世纪，教会统治着一切，人们不仅不敢反抗，甚至连怀疑一下上帝都没有胆量。那时候的所谓自然科学研究无非是给上帝的存在寻找证据，为《圣经》增添注释。

哥白尼是漫漫长夜中的一道闪光，照亮了科学发展的征程。哥白尼的理论不仅批判了天文学上托勒密的错误观点，更重要的是，向教会发起挑战，推翻了上帝创造宇宙、创造地球的谬论。

哥白尼的学说扯断了神学捆绑在科学身上的绳索。从此，科学家们只相信自己的两眼、双手和大脑，只相信事实和逻辑，只相信无可辩驳的真理。

作为近代自然科学的奠基人，哥白尼的历史功绩是伟大的。确认地球不是宇宙的中心，而是行星之一，从而掀起了一场天文学上根本性的革命，是人类探求客观真理道路上的里程碑。

哥白尼的伟大成就，不仅铺平了通向近代天文学的道路，而且开创了整个自然界科学向前迈进的新时代。从哥白尼时代起，脱离教会束缚的自然科学和哲学开始获得飞跃的发展。

# 附　录

　　勇气是人类最重要的一种特质，倘若有了勇气，人类其他的特质自然也就具备了。

　　　　　　　　　　　　　　　　　　　　　　—— 哥白尼

# 经典故事

## ☙ 哥白尼为平民义诊 ❧

哥白尼多才多艺，曾在波兰克拉科夫大学和意大利帕多瓦大学学医，医术精湛。后来，他虽然没有专门从事医疗工作，但经常在闲暇时间为周围的平民治病。

有一天，在弗龙堡附近居住的一个农民彼得骑马摔伤，他听说新来的行政长官哥白尼经常给人治病，就抱着一线希望找哥白尼治病。

"请问，哥白尼大人在吗？"彼得小心翼翼地问哥白尼的门卫。

"哼！又是来看病的吧？哥白尼大人不在，你到别处看病吧。"门卫不耐烦地说道。

彼得知道"阎王好见，小鬼难缠"的道理，所以，他口里唯唯诺诺，却怀疑门卫在敷衍他。他站在离门房不远的墙角里不时向门内张望。这一天，哥白尼处理完公务，决定到教堂的塔楼上观测天象。

"大人，您是哥白尼大人吗？"彼得看见从大门里走出来的哥白尼，慌忙凑上前问道。

"哦，你一定有什么事找我吧？你叫什么名字？"

"是的，大人，我叫彼得，我前两天从马上摔了下来，我想请求大人……"彼得的话音开始变得吞吞吐吐，他不好意思说出让哥白尼治病的话。

哥白尼已经明白了彼得的来意，就对门卫说："把彼得领到我的接待室去。"说完，哥白尼转身回去了。

"给我介绍一下你的病情吧。"哥白尼对走进接待室的彼得说。

"是的，大人。"彼得接着说，"刚从马上摔下来的时候，我没感觉到有什么不适，可是现在说话、吃饭、扭动身体的时候，胁肋就疼得要命，甚至呼吸都疼，大人。"

哥白尼让彼得躺在床上，给他仔细检查了两处胁肋后，对彼得说："你左侧肋骨已经骨折 4 根，所以你才有现在疼痛的感觉。"

"原来是这样！天主啊，我拿什么去治病。"彼得知道自己拿不出钱来治病。哥白尼说："好了，彼得，我负责治好你的病，免除所有费用。"

"大人，您果真和乡亲们说的一样，是天主派来拯救我们的。"彼得激动地说。

"彼得，现在十字军准备占领弗龙堡，奴役这里的人民。你回去后动员乡亲们，咱们共同保卫弗龙堡。"

"大人，大家恨透了那帮强盗，我一定办到。"彼得说。

哥白尼平易近人，免费为乡亲们诊治病痛，赢得了大家的信赖。在大家的支持下，哥白尼赢得了弗龙堡战役的胜利，避免了十字军对弗龙堡地区的掠夺与奴役，维护了波兰的统一。

## 哥白尼与安娜的故事

哥白尼是个虔诚的天主教徒。他在波兰瓦尔米亚教区做神甫期间，每天只有两件事，一件是履行教职，另一件是写《天体运行论》。

1525 年，哥白尼受命调查货币改革情况。他借此机会回到了离别多年的家乡——托伦。哥白尼非常喜欢山清水秀的托伦小镇，如果不是父母双亡，他未必会离开自己的家乡……哥白尼偶尔想起这些往事，就会产生无依无靠、无妻无子、人生凄楚的感觉。好在他的心灵已经皈依了天主，他的全部热情都发挥在天文学上，使他在几十年人生历程中，很少想起这些缺憾。

居住中托伦的学者、雕刻家希林是哥白尼儿时的伙伴，他们一直用通信保持着友谊。哥白尼这次回来自然是希林家的常客，他们在一起经常讨论文学、历史、天文和艺术等问题，希林的女儿安娜是他们忠实的听众。慢慢地，安娜被哥白尼渊博的学识迷住了，尤其哥白尼对天文学执着追求，使安娜钦佩不已。

"哥白尼先生，我陪您到河边散步去好吗？"在一个阳光明媚的早晨，安娜邀请哥白尼说。

哥白尼谦虚地说："哦，好的，安娜，谢谢你！"

安娜抿嘴一笑说："不必这么客气。"

他们沿着乡间小路向河边漫步，哥白尼小时候几乎每天都到河边玩耍，他还是在这条河里学会游泳的呢。"哥白尼先生，您为什么对天文学那么感兴趣呢？"安娜的问话声打断了哥白尼对童年的回忆。

"哦，对未知世界的探索应该是人类的天性，我只不过更专注一些罢了。"哥白尼谦虚地回答。

安娜接着问道："也许是，我对天文学也很感兴趣。还有，哥白尼先生，您为什么不结婚呢？不需要有人照顾您吗？"

"神甫是不应该结婚的。"哥白尼回答说。

安娜说："可是有很多神甫都娶妻生子啊。"

"……"

"哥白尼先生，我到您身边照顾您可以吗？"安娜鼓起勇气说。

"那怎么可以呢，你这么年轻！而我已经老了。"

"岁数怎能成为感情的障碍呢！"

"可是你对我并不了解啊。"

"父亲经常和我谈起你，所以，我对您的为人和您所追求的事业早就耳熟能详了。"安娜有些羞涩地回答。

哥白尼被安娜真挚热烈的爱情征服了，他对眼前突如其来的爱情又惊又喜，不亚于发现了一颗超新星。在以后近10年的幸福婚姻生活中，哥白尼的超人智慧和创造力被充分发挥出来，他完成了《天体运行论》的大部分天文观测和理论工作。

天有不测风云，人有旦夕祸福。而更可悲的是，哥白尼终身信仰的宗教夺走了他的幸福。当地新任主教对哥白尼的日心说非常不满，但又无法阻止。所以，新任主教一伙人说哥白尼作为神甫不应结婚，又污蔑安娜是邪恶的化身，附在哥白尼身上。最后，他们甚至勒令安娜离开哥白尼。

哥白尼气愤之极，他对安娜说："我脱下这身道袍还俗，看他们还怎么威胁我们！"

安娜平静地说："我预料会发生这种事情，如果你还俗，就中了他们的圈套，你就无法完成你的《天体运行论》了。我走就是了，请你无论如何给《天体运行论》画上句号，不然，你我的灵魂都不会得到安宁！"

哥白尼在爱情和事业两者中，毅然选择了后者。人们在阅读震古烁今的《天体运行论》并从中受益时，很少有人谈起哥白尼为之付出的牺牲。

## ⌘ 哥白尼坚持真理 ⌘

哥白尼少年时代的思维方式和行为方式就与众不同，他对自然现象以及人类生存法则不拘泥于陈词滥调，有自己的思考和探索。

有一次，在哥白尼和同学们的讨论中，在各种观念上又形成了鲜明的对立。哥白尼说："只要不断探索大自然，就会有新的发现。"

其中一个同学说："探索什么？上帝早就安排好了。整个宇宙，包括太阳、月亮和星星都是为地球服务的，所以才有白昼和黑夜，才有四季轮回。这都是上帝给人类的恩惠，是天命。"

哥白尼当即反问道："那些被大水冲走的人、那些在火灾中丧命的人和那些在各种灾难中失去性命的人也都是上帝的安排吗？"

那个同学得意地说："是啊！那些人都是恶人，所以上帝才惩罚他们。"很多同学都迎合那个同学的论调，纷纷说此事早有定论。

哥白尼回敬道："在大船沉没，还有全村人死于瘟疫等灾难中丧命的人都是恶人吗？持天命的人虽然占多数，但多数并不等于真理！"

哥白尼没有放弃真理，终于完成了他的影响世界历史进程的鸿篇巨著《天体运行论》。

# 年　谱

1473 年　2 月 19 日，哥白尼出生于波兰托伦城。

1478 年　接受家庭教师的启蒙教育。

1483 年　父亲、母亲相继去世。舅舅乌卡什·瓦兹罗德把哥白尼和哥哥安杰伊接到身边。哥白尼入海乌姆诺学校读书。

1489 年　结识意大利著名人文主义者、革命诗人卡利玛和。

1491 年　进入首都克拉科夫大学学习教会法和医学，从此对天文产生强烈兴趣，对托勒密理论产生怀疑，思索建立新的宇宙理论体系问题。

1493 年　与沃伊切赫教授观测了两次月食、一次日食。

1494 年　沃伊切赫教授和卡利玛和主持哥白尼的"毕业答辩"。

1495 年　结束克拉科夫大学的学业，回到瓦尔米亚做主教助手。

1496 年　夏天离开波兰到意大利留学。秋天时在著名的博洛尼亚大学学习教会法。结识著名天文家诺瓦拉教授。

1497 年　当选弗龙堡神甫。3 月 9 日和诺瓦拉教授观测月球遮掩金牛座现象。

1500 年　1 月 9 日，观测土星。在罗马大学举行天文学和数学的公开讲座。

1501 年　7 月，和哥哥安杰伊回到波兰。秋天，到帕多瓦大学报到攻读医学。已经大致形成日心说体系的轮廓。

1503 年　年初，转入费拉拉大学。5 月，在费拉拉大学被授予教会法博士。秋天，回到波兰。留在舅舅瓦兹罗德身边，担任主教的保健医生、秘书和助手。

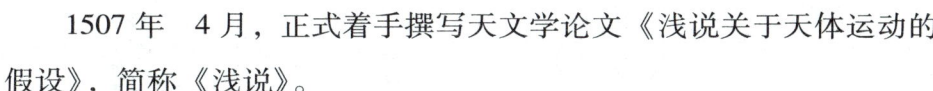

1507年　4月，正式着手撰写天文学论文《浅说关于天体运动的假设》，简称《浅说》。

1509年　6月2日，观测日食。出版翻译著作《道德、田园与爱情信札》。

1510年　搬到弗龙堡长住，把教堂的塔楼改为观测台，从此开始了30年如一日的天文观测活动。11月，当选弗龙堡神甫会行政主管。年底，完成第一篇天文学论文《浅说》。日心说体系初步形成。

1511年　到奥尔什丁堡庄园视察。

1515年　开始撰写巨著《天体运行论》。

1517年　8月，写出《深思熟虑》的货币论文提纲。

1519年　提出"劣币驱逐真币定律"。工作出色，被推选为神甫会行政主管。

1521年　在十字骑士团和弗龙堡军民的战争中，统率有功，被誉为"战斗英雄"。

1522年　处理一系列神甫会行政主管工作。

1531年　安娜担任哥白尼的管家，开始和哥白尼共同生活。

1533年　完成《天体运行论》写作。开始对手稿进行修改。

1537年　安娜被迫与哥白尼分离。

1539年　5月，青年学者雷蒂克来到弗龙堡拜哥白尼为师。

1540年　雷蒂克写成并出版介绍日心说的《初讲》。哥白尼最后一次对手稿修改并定稿。

1542年　雷蒂克把《天体运行论》出版权委托给新教徒奥西安德尔。

1543年　5月，《天体运行论》印刷完毕，开始公开发行。

1543年　5月24日，哥白尼死于脑出血，享年70岁，安葬在弗龙堡。

# 名 言

● 勇敢是人类美德的高峰。

● 人的勇气能承担一切重负。

● 人的天职在勇于探索真理。

● 勇气是衡量灵魂大小的标准。

● 失去勇气的人，生命已死了一半。

● 勇敢是智慧和一定程度教养的必然结果。

● 要自由，才能得幸福。要勇敢，才能有自由。

● 倘若失去了勇敢，你的生命等于交给了敌人。

● 在全部的美德之中，最强大、最慷慨、最自豪的，是真正的勇敢。

● 勇气很有理由被当作人类德性之首，因为这种德性保证了所有其余德性。

● 由大智中产生大勇，由理解中加强信心，是最坚毅的大勇与最坚强的信心。

● 崇拜勇气、坚忍和信心，因为它们一直助我应付我在尘世生活中所遇到的困境。

● 大海越是布满暗礁，越是以险恶出名，我越觉得通过重重危难寻求不朽是一件赏心乐事。

● 应当惊恐的时刻，是在不幸还能弥补之时。在它们不能完全弥补时，就应以勇气面对它们。

● 幸福的斗争不论它是如何的艰难，它并不是一种痛苦，而是快乐，不是悲剧的，而只是喜剧的。

● 做事，不止是人家要我做才做，而是人家没要我做也争着去做。这样，才做得有趣味，也就会有收获。

● 为了人类望着天空不感到害怕，我要一辈子研究它。

● 青春应该是一头机智的狮，一团智慧的火！机智的狮，为理性的美而吼；智慧的火，为理想的美而燃。

● 我们必须睁开双眼，面对事实。

● 在许多问题上我的说法跟前人大不相同，但是我的知识得归功于他们，得归功于那些最先为这门学说开辟道路的人。

● 我愈是在自己的工作中寻求帮助，就愈是把时间花在那些创立这门学科的人身上。我愿意把我的发现和他们的发现结成一个整体。

● 国民的感情中最难克服的要数骄傲了，随你如何把它改头换面，与之斗争，使之败阵，扑而灭之，羞而辱之，它还会探出头来显示自己。

**图书在版编目（CIP）数据**

哥白尼 / 余海文编著. —北京：中国社会出版社，2012.9
（2022.6 重印）
（世界名人非常之路）
ISBN 978－7－5087－4136－9

Ⅰ．①哥… Ⅱ．①余… Ⅲ．①哥白尼，N.（1473～1543）－
生平事迹 Ⅳ．①K835.136.14

中国版本图书馆 CIP 数据核字（2012）第 201185 号

| | | |
|---|---|---|
| 出 版 人：浦善新 | 策划编辑：侯　钰 |
| 责任编辑：侯　钰 | 封面设计：张　莉 |

出版发行：中国社会出版社　　　　　　地　　　址：北京市西城区二龙路甲 33 号
邮政编码：100032　　　　　　　　　　编 辑 部：（010）58124867
网　　址：shcbs.mca.gov.cn　　　　　发 行 部：（010）58124866
经　　销：各地新华书店

印刷装订：北京华创印务有限公司　　　开　　本：170mm×240mm 1/16
印　　张：13　　　　　　　　　　　　字　　数：200 千字
版　　次：2012 年 9 月第 1 版　　　　印　　次：2022 年 6 月第 4 次印刷
定　　价：49.80 元